Autobiografía

Natural de la isla de Puerto Rico en el Mar Caribe. Emprendió la búsqueda de la comprensión de su verdadera naturaleza humana, como consecuencia de múltiples experiencias espirituales personales.

Estudió y practicó enseñanzas de los Rosacruces, Filosofía Hermética, Metafísica y otras ramas del saber, tanto religiosas como esotéricas.

SEMILLAS PARA UNA NUEVA GENERACIÓN

CARLOS A. VEGA CARDONA

BALBOA.
PRESS

A DIVISION OF HAY HOUSE

Puede hacer pedidos de libros de Balboa Press en librerías o poniéndose en contacto con:

Balboa Press
Una División de Hay House
1663 Liberty Drive
Bloomington, IN 47403
www.balboapress.com
1 (877) 407-4847

Debido a la naturaleza dinámica de Internet, cualquier dirección web o enlace contenido en este libro puede haber cambiado desde su publicación y puede que ya no sea válido. Las opiniones expresadas en esta obra son exclusivamente del autor y no reflejan necesariamente las opiniones del editor quien, por este medio, renuncia a cualquier responsabilidad sobre ellas.

El autor de este libro no ofrece consejos de medicina ni prescribe el uso de técnicas como forma de tratamiento para el bienestar físico, emocional, o para aliviar problemas de salud sin el consejo de un médico, directamente o indirectamente. El intento del autor es solamente para ofrecer información de una manera general para ayudarle en la búsqueda de un bienestar emocional y espiritual. En caso de usar esta información en este libro, que es su derecho constitucional, el autor y el publicador no asumen ninguna responsabilidad por sus acciones.

ISBN: 978-1-5043-3051-0 (tapa blanda)
ISBN: 978-1-5043-3053-4 (tapa dura)
ISBN: 978-1-5043-3052-7 (libro electrónico)

Numero de la Libreria del Congreso: 2015904785

Las personas que aparecen en las imágenes de archivo proporcionadas por Thinkstock son modelos. Este tipo de imágenes se utilizan únicamente con fines ilustrativos. Ciertas imágenes de archivo © Thinkstock.

Información sobre impresión disponible en la última página.

Fecha de revisión de Balboa Press: 06/11/2015

TABLA DE CONTENIDO

Dedicatoria

A ti, el ser más importante de la existencia:

Las palabras que por este medio comparto, son semillas de revelación que al germinar, podrán ayudarte a despertar a tu Conciencia y con ello, la posibilidad de reconocer la Divina Presencia de la Luz de lo Supremo que mora en ti. Es a través de la cual y fundamentándome en tu sincera búsqueda, que este despertar te facilite el comprender la verdadera razón de tu existencia tanto como la ahora oculta naturaleza humana y espiritual del "Ser" que eres. Ello, estando a tu disposición es una posibilidad que solo de ti depende su ocurrencia pues tu senda es individual.

Agradecimientos

Muchas grandes ideas y posibilidades de conseguir descubrir o el que grandes cosas puedan ocurrir y concretarse en el plano de nuestro mundo de circunstancias, han sido tronchadas por carecer de los medios para transformar dichas ideas, descubrimientos o proyectos, en realidades tangibles y prácticas para complementar y preservar la continuidad del mejoramiento de nuestra calidad de vida como colectividad humana.

Por este medio agradezco a tres personas muy especiales en mi vida por haberme ayudado a plasmar este proyecto-manuscrito: Semillas para una Nueva Generación, y concretarlo en una realidad física al servicio de la humanidad:

Caroline Ayala, Inda De Santiago, Gustavo Charles

Mi profundo agradecimiento a cada uno por su sincero y desinteresado apoyo tanto como sus contribuciones individuales, a quienes debo respeto y aprecio sin límites pues sin su ayuda no hubiera sido posible su realización.

Carlos A. Vega Cardona

Prólogo al Lector

Cuando se me presentó el libro "Semillas para una Nueva Generación" me sentí muy entusiasmada con el tema. Es una obra que pueden disfrutar grandes y chicos. Este proyecto me permitió repasar leyes de vida y descubrir otras de una forma poética y con ejemplos prácticos de la vida diaria.

Los veinticuatro capítulos están escritos de forma ordenada en las que el autor comparte sus experiencias y lecciones de vida. Es notable la sencillez con la que se explican conceptos muy complejos que nos permiten aprender sin mayores dificultades.

Te invito a reflexionar, a descubrir tu verdad interior y hacer los ajustes necesarios para alcanzar tu potencial de felicidad. Espero que disfrutes de la lectura tanto como yo y puedas descubrir las enseñanzas y su aplicación en tu diario vivir. Como dice Louise Hay "Para cambiar tu vida por fuera debes cambiar tú por dentro. En el momento en que te dispones a cambiar, es asombroso como el universo comienza ayudarte, y te trae lo que necesitas."

Caroline Ayala, PhD

Introducción

Naces como un ser humano, como un recién nacido sin aparente recuerdo de tu origen. Tu estado inicial, quizás, no te permite reconocer tu naturaleza ni sentido de propósito ni justificación para tu existencia. Tu cuerpo y capacidad de expresión en ésta etapa, aunque tu mente esté presta, dado a las obvias limitaciones del cuerpo físico y habilidad para comunicarte, no te es posible expresarte aunque sí tuvieras el conocimiento que muchos consideramos, careces.

Tú, sin importar género, comienzas a participar en el proceso de vida humana dependiendo de la ayuda, cuidado, dirección y enseñanzas de tus padres, así como de otras personas. Esto deberá facilitar tu supervivencia en función de los conocimientos adquiridos, aceptados y utilizados en tus primeros años de vida. Todo deberá ocurrir normalmente pero no se puede olvidar que siempre se está ante la posibilidad de eventos que desvíen tu curso sin mediar tu voluntad.

Bajo condiciones y circunstancias propias, lo aprendido te debió ayudar a posicionarte para que pudieras convertirte en un ser humano capaz. Tampoco deberás olvidar que estuviste, típicamente, bajo las influencias de enseñanzas externas y ajenas a tu criterio propio por mucho tiempo. En adición, el proceso de aprendizaje y adaptación, fue y continuará siendo complementado por el fruto y efectos de tus experiencias mientras caminas el sendero que, al recorrerlo, te debió facilitar el correspondiente desarrollo físico, psicológico e intelectual.

El tiempo pudiera haberte llegado o podría estar por llegar, en que desde un lugar en apariencia distante pero profundo dentro de ti, comiences a percibir ideas, sensaciones y anhelos como un flujo torrencial hacia la expansión de tu consciencia y tu capacidad de "saber". Tal estado de "ser" y cambio, se origina cuando diriges la atención a la consideración de tu propio criterio. Comienzas a ver todo a tu alrededor en perspectivas diferentes y nuevas opciones surgen que anteriormente no reconocías y que podrán ayudarte a expandir tu marco de posibilidades.

Este despertar te proveerá una nueva comprensión que te apoyará para que seas capaz de lograr tus propias metas con tan solo trabajarlas dirigidas por tus criterios.

Es posible que llegues a reconocer que lo externo e inicialmente aprendido, no te ofrece todas las respuestas ni alternativas que aplican para que, al utilizarlas, te faciliten lograr los resultados deseados. Sabes que faltan los ingredientes que dentro de ti han germinado y que te dan razón y sentido de existencia y poder para ser y hacer. Te sientes con el impulso interior y la confianza de recuperar tu derecho de darles participación. Es entonces cuando comenzarás a decidir unilateralmente como una totalidad sin división e indivisible. Habrás de asumir una actitud y postura de seguridad para atreverte actuar en luz de la obligada responsabilidad que surge del efecto de tus acciones. Lamentablemente, ésta postura no es practicada por la totalidad ni mayoría del género humano.

Ha llegado el tiempo de emprender tu travesía en pos de la grande e inconsciente meta a la cual llamo: "el retorno al origen". Visualiza tu existencia y vida, como una proyección de la Inteligencia Suprema en la cual participas en diversas trayectorias y funciones individuales, pero dentro de una colectividad interdependiente. Todos dependiendo de todo y todos, pero que si se hace lo que a cada cual corresponde, al final del peregrinaje todos regresaremos al lugar de origen. Hubiera deseado saber y aplicar los consejos que hoy contigo comparto, cuando decidí emprender la travesía que consideré me correspondía.

Vives, y dicho vivir, vivirlo en armonía y responsabilidad te es mandatorio. Deberás reconocer que todo ser humano proviene de una misma fuente y proceso causal. Esto incluye derechos múltiples compartidos en pos de una vida individual y colectiva, con libertad de elección, igualdad, sana tanto como productiva.

De ahí las siguientes consideraciones fundamentales:

- *El RESPETO A LA VIDA*, es el primer punto.

Cada cual tiene derecho a vivir en libertad y a escoger aquellas cosas que considera hacer, tener y compartir, dentro de los límites de un conjunto de prácticas que garanticen tanto la calidad de vida individual como la colectiva.

- CADA ACCIÓN GENERA EFECTOS, razón que justifica la inevitable postura de DAR CUENTA Y ASUMIR RESPONSABILIDAD POR LAS CONSECUENCIAS.

Tiendes a enfrascarte en una automaticidad casi inconsciente, sin percibir si estás orientando tus acciones y orden, en acuerdo a cómo corresponda para maximizar la probabilidad de realización de tus deseos. Deberás dirigir tu atención con certeza de causa y efecto, sin exponerte a precipitar errores prevenibles y efectos irreversibles.

Deberás prestar atención directa, a los siguientes elementos: "FLEXIBILIDAD" tanto como a la "INCERTIDUMBRE", pues todo en la vida responde a una especie de "FÓRMULA" por medio de las cuales obtenemos lo que queremos si cumplimos los requisitos de esta sin olvidar que, en ocasiones, elementos impredecibles pueden surgir en cualquier arreglo de circunstancias, con alta probabilidad de afectar los resultados adversamente. De ahí, "CONSIDERACIONES" de "CONTINGENCIA" deberán ser siempre parte de tus procesos de análisis y ejecutoria.

Aclarando lo mencionado, los siguientes ejemplos pueden ayudar que comprendas a qué me refiero: "Un ser humano nace de una pareja de humanos en cumplimiento de las leyes naturales por su género y especie. Un árbol de "quenepa" no produce "limones". La naturaleza es ordenada y toda "forma manifestada" cumple con los parámetros específicos de la "forma", en acuerdo a su diseño natural.

He aquí que, extrapolando en todo plano y nivel de manifestación de la realidad que compartimos, todo requiere de ciertos elementos específicos, que estén en afinidad, compatibilidad y en proporciones combinados con precisión matemática. Solo así lograrás producir efectos predecibles, reproducibles y, por lo tanto, repetitivos dentro de una flexibilidad tolerada, tanto para una como todas las formas que surgen a la existencia según diseñadas por los procesos y leyes de la Inteligencia Suprema.

Habiendo esto sido comprendido, mencionaré los elementos que considero necesarios tener en mente cuando aspires y apliques atención y energías a una realización. No deberás olvidar considerar la flexibilidad que surge por la visión de otros puntos de vista individuales externos. Tampoco obviar aquellas cosas que surgen en la marcha y pudieran impactar adversamente tu resultado y que no te hubieses percatado sin previa consideración. Presta atención, y recalco, a posibles elementos no predecibles que puedan surgir y afectar los resultados de tu labor: "LA INCERTIDUMBRE DE LO IMPREDECIBLE".

Requerido te será, orientar tu atención responsablemente en pos de la "BÚSQUEDA" del conocimiento de tu origen y naturaleza. Nada ni nadie te lo proveerá. Sólo tú podrás encontrarlo pues reside en ti.

Tu proceder de acción deberá estar regido por la pureza de tus "INTENCIONES OCULTAS". Sólo así podrás develar el misterio que, sin darte cuenta, solo tú has creado y que se ha posado sobre ti como "VELOS DE IGNORANCIA". Los mismos han ido acumulándose en el transcurso de tu vida como un envolvimiento, a través de tus experiencias, tu desarrollo intelectual, físico, psicológico y espiritual. En conjunto son estos los que han configurado y definido tu potencial y probabilidad de lograr ser capaz de alcanzar tus más puras aspiraciones como ser humano. Todo, enmarcado dentro de un aparente paralelo polarizado con tu conciencia, y consecuentemente convertido en tus "FANTASMAS DEL EGO" dentro del ámbito mental de tu naturaleza humana.

Deberás, estar en disposición de deshacerte de tus "APEGOS" a los cuales te has sometido, y con ello esclavizado, para luego pretender considerar el que caminas el sendero de la libertad y la iluminación. Podrás mediante la "COMPRENSIÓN" de la "VERDAD", deshacerte de dichos "APEGOS" que, como cadenas, son el "ORIGEN DE TUS CONFLICTOS". Considera que es imposible experimentar la libertad mientras las raíces de estos apegos a la ignorancia, te alimenten con un aparente manto de luz y que el fruto de tu hacer no la refleje.

Cuando te deshagas de tus cadenas te será posible ver las "HUELLAS DEL MAESTRO". Entonces deberás seguirlas. Hazlo con plena confianza y sinceridad; en humilde aceptación y reconocimiento de que has rectificado tu ruta de vida y penetrado en el verdadero sendero. El Maestro es el conductor hacia una vida plena, fructífera y apoyado por las Leyes infalibles que rigen el Cosmos en continua expansión. Caminarás con la verdad y ésta te protegerá de tu peor enemigo: "tú mismo/a" cuando decidiste entregar tu libertad y el poder de definir tu destino, en las manos de la ignorancia de los valores del mundo. Relegaste tu poder de decidir por ti y controlar tu vida con tu consentimiento y, con ello provocando el convertirte en víctima de la ignorancia y engaño que te rodea, haciéndote creer que caminabas en sabiduría.

La "VERDAD" te protegerá de los obstáculos que típicamente y como ladrones, apoyados en la oscuridad, socavaron tus probabilidades de libertad y éxito a las cuales tienes derecho natural.

Deberás emprender tu "BÚSQUEDA" cuidándote de tus "INTENCIONES OCULTAS", dejando de lado los "ORÍGENES DE TUS CONFLICTOS", sean "JUZGAR", "FORZAR" las cosas", "TUS APEGOS", "TUS VELOS DE IGNORANCIA"...y reconocer que es a través de la "COMPRENSIÓN" de "LA VERDAD" lo que te permitirá saber.

Encontrarás las "HUELLAS DEL MAESTRO" y éstas te guiarán. Podrás llegar a saber que "VIVES EN UN MUNDO CONDICIONADO", que eres "PARTE DE TODO Y DUEÑO DE NADA", que vives en una "INTERDEPENDENCIA" y no en "EXTREMOS DE INDEPENDENCIA NI DEPENDENCIA ABSOLUTOS", que te corresponde vivir solo en "EL AQUÍ Y EL AHORA", que te es posible vivir con "ECUANIMIDAD" sin "JUZGAR"; que existe una Ley de "RETRIBUCIÓN" que te permite compensación gracias a tus méritos para hacerte merecedor de "RECIBIR CUANDO DAS"... Finalmente, llegarás a saber quién es el Maestro, y que está tan cerca o tan lejos como: tú mismo/a.

RECORDAR:

1) Al nacer CARECES de los MEDIOS de SUPERVIVENCIA INDIVIDUAL.

2) Tu supervivencia, inicialmente, DEPENDE de tus padres, familiares u otras personas y/o instituciones.

3) Naces con LIMITADA CAPACIDAD inicial para COMUNICARTE.

4) Se presume DESCONOCES tu ORIGEN, NATURALEZA, PROPÓSITOS y POSIBILIDADES.

5) AQUELLOS que te RODEAN INFLUENCIAN QUÉ CONOCIMIENTOS debes poseer, tanto como TUS PROCESOS DE APRENDIZAJE.

6) APRENDES lo que TE ENSEÑAN y tiendes, a veces sin saber por qué, a APLICARLO por INDUCCIÓN FORZADA o REFLEJOS CONDICIONADOS.

7) APRENDES también de tus PROPIAS EXPERIENCIAS y comienzas a despertar a tu CRITERIO PROPIO en ACUERDO al FRUTO Y EFECTOS vividos y experimentados.

8) RECONOCERÁS que tu CRITERIO PROPIO fue RELEGADO a un nivel de NO PARTICIPACIÓN.

9) Al ALCANZAR ciertos CONOCIMIENTOS, y en función al resultado de tu INTERACCIÓN con tu ENTORNO, se DESPERTARÁ en ti la INQUIETUD para utilizar TU CRITERIO PROPIO. ACCEDE.

10) NO siempre estarás EN ACUERDO con LOS DEMÁS. Tienes DERECHO DE SER Y HACER según tu DISCERNIMIENTO Y CAPACIDAD lo permitan cuando ello NO VIOLENTE LA LEY. (armonía/ equilibrio/Amor)

11) Puedes LLEGAR a SER CONSCIENTE de NUEVAS IDEAS, PUNTOS DE VISTA Y CONCEPTOS, los cuales tienes DERECHO DE COMPARTIR Y USAR.

12) Alcanzarás CONSCIENCIA de tu ORIGEN, NATURALEZA Y PROPÓSITOS más la DETERMINACIÓN de ARMONIZARTE a ESTOS.

13) Deberás ser FLEXIBLE cuando corresponda y NO PERDER DE VISTA el elemento INCERTIDUMBRE, para obrar de manera PREVENTIVA.

14) TODO ES UNA FÓRMULA. Primero tendrás que DESCUBRIRLA y luego CUMPLIR CON SUS PARÁMETROS. Sólo así podrás GARANTIZAR LOS EFECTOS que desees.

15) Un simple MODELO de PROCESO de VIDA: Habrás de enfrascarte en una BÚSQUEDA de la VERDAD, de la razón, del poder..., pero deberás CUIDARTE de tus INTENCIONES OCULTAS, pues éstas crearán tus VELOS DE IGNORANCIA los cuales deberás rasgar. Esto debe ser así pues a su vez, crean los FANTASMAS DE TU EGO, que te hacen creer ser lo que no eres convirtiéndote en el ORIGEN DE TUS PROPIOS CONFLICTOS.

Tendrás que romper, por consiguiente, con todos tus APEGOS. Dirigirás tu atención a la COMPRENSIÓN de la VERDAD, lo cual producirá en ti el despertar de tu MAESTRO interior. Este te guiará en tanto se lo permitas. Sólo te será requerido seguir sus HUELLAS. NADA tendrás que FORZAR pues la LEY del AMOR siempre obra en sintonía y sincronismo matemático e infaliblemente.

Nunca olvides que el mundo ha sido CONDICIONADO por nuestras creencias, aceptación y rechazos por nuestros JUICIOS. Deberás descubrir cómo fluir en una INTERDEPENDENCIA efectiva. No te apartes del PRESENTE y sabe que sólo puedes obrar en el AQUÍ y el AHORA, y que si anhelas recibir, tendrás que DAR primero.

El día llegará, y quizás cuando menos lo esperes, en que reconocerás que SOLO TÚ eres el/la ARQUITECTO de tu vida y que NADA NI NADIE MÁS lo es ni SERÁ. Así ha sido, así por siempre.

La búsqueda...

Desde el comienzo de tu existencia como ser humano, y probablemente siendo inicialmente inconsciente de tu naturaleza verdadera, así como jinete en galopante desenfreno, tiendes a precipitarte y vivir con ignorante y presumida osadía. Es así como sin darte cuenta, ajeno y distante del sendero verdadero, aquel al cual tienes derecho, transitas convirtiendo ésta tu vida, en un verdadero enigma.

Tal proceder, inevitablemente te llevará a enfrascarte en una ilusoria e interminable búsqueda; la búsqueda que traza los surcos a recorrer en tu transitoria estadía en este mundo. De ahí el surgimiento de las ansias y desesperos que albergas sin comprender, convirtiéndose en tus irreverentes guías de ignorancia. Estos te precipitan a recorrer caminos sin huellas, cultivos sin frutos y terminan alejándote del sendero de tus posibilidades.

La supervivencia surge como tu primaria y generalizada ley de motivación de vida. Esta ley opera oculta y sigilosamente apoyando cada una de tus decisiones y acciones, pero como ser humano que eres, en tu presuntuosa actitud de sabiduría, generalmente rechazas alternativas viables, por las irracionales, provenientes de tus ocultos aberrantes y desmedidos deseos.

No son pocos los que en esta carrera precipitan decisiones fundamentados en las meras y superficiales interpretaciones, gustos e intereses del llamado placer. No reconocen el que la verdad está oculta detrás de las apariencias, lo cual se confirma, eventualmente, cuando los frutos no son lo que esperabas. Al penetrar en el turbulento mar de la consecuente confusión, tiendes a negar tu errado proceder y persistiendo, perpetúas el aferrarte a una presumida actitud de creer que sabes, improvisando y recayendo en error. Con ello solo te alejas de la orilla de tu verdadero y feliz destino que por derecho te corresponde.

Así, el ser humano que vagó en los mares de la ignorancia, habiendo alcanzado la cúspide de su vida productiva, colmado de insatisfacción y carente de frutos de valor, luego de haberse consumido lentamente y sin darse cuenta, tristemente descubre que siempre navegó en contra de su corriente de vida. Ya exhausto y sin fuerzas sucumbe tu ser ante los turbulentos vientos de tus erradas decisiones. Te ves en la supuesta y obligada decisión, por no aceptar que fallaste, a sumergirte más y más en el océano de tus fantasías y sueños retroalimentando aquello que debiera terminar. Al final, exhausto y vacío tu ser de energía y agotadas tus esperanzas, descubres tu insensatez y reconociéndote abatido/a y desilusionado/a delante de la impotencia de tu ignorancia.

Reconocerás que tus sueños y esperanzas fueron cuales olas de un mar embravecido, que al igual que como estrellas fugaces en el infinito cielo, sus transitorias formas, existieron por un momento para desaparecer luego.

Sólo existe una meta, un lugar y un tiempo. Vivir en armonía con la Ley de las leyes es dicha meta. Vivir ha de ser siempre en el aquí, sea donde se dé estés, y en el ahora, en un eterno presente como la magna consigna del Universo es. Fuera de estos elementos fundamentales solo surgen la desarmonía, los conflictos, la separación tanto como el fracaso.

Te conviene reconocer y aceptar tu situación si has de aspirar a tu felicidad. Atreverte a girar tu velero para salir de los turbulentos mares que hundir tu embarcación pretenden es tu mejor opción. Nada tienes que perder por someter tu egoísta actitud, pues una es la consecuencia del cambio: triunfar, pero si continuas sin cambiar la única consecuencia es el fracaso, la insatisfacción y la tristeza; los únicos frutos seguros.

Asegúrate, de seguir la senda del discernimiento de lo permanente, ante lo transitorio. No deberás jamás dejarte influenciar ni acceder al mundo de las apariencias. Habrás de vivir comprendiendo, primero, la Ley y vivir en conformidad. Llegará algún día tu despertar unido con la satisfacción de saber que no hay tiempo, ni mar, ni orillas; que nunca hubo necesidad de emprender travesía alguna. Que no hay lugar a ir ni estar fuera de donde estés, y que eres parte de un eterno presente.

Realizarás que lo único a alcanzar, lo grande, lo perdurable y eterno, no estuvo ni estará jamás fuera de ti. Ser capaz de reconocer tus desatinos es tu obligado deber, y de que mucho de lo que consideraste como valioso, no lo fue, no es ni lo será. Que aquello que aceptaste como tu fuente de alegría y felicidad era un disfraz de dolores. Llegada la reflexión tus lágrimas serán enjugadas, no volverás a mirar atrás y la vida se transformará en plenitud, derecho del cual te privaste por el engaño de tus sentidos.

Quedarás libre de todo cargo de consciencia y culpabilidad. Surgirá dentro de ti un renacer, y la Ley será tu guía por lo cual, entonces, la búsqueda habrá terminado y tu vida será como el libre fluir de un río. Tus logros serán los frutos del mayor poder jamás manifestado, el poder del AMOR. Con ello, el enigma habrá desaparecido y jamás será.

SOBRE EL AQUÍ Y AHORA...

Considera ésta visión del tiempo: "el presente es el futuro de tu pasado." Sin embargo, normalmente enfocas tu atención o al pasado-presente o al futuro-presente, perdiendo tu presente-presente, el momento actual que estás viviendo.

Mientras estás recordando, los datos surgen de tu memoria implicando un pasado-presente. Todo lo que imaginas, que no se ha manifestado, es el futuro-presente. Estas dos modalidades de pensamiento crean una situación sumamente problemática. Te llevan al extremo de perder tu perspectiva de la realidad inmediata en que vives.

Salvo que esté en tu capacidad y probabilidad de utilizar información alguna del pasado o futuro en el presente, conscientemente, tu ejercicio se convierte en un acto de futilidad y fuente de desengaños.

La influencia costumbrista de muchos, toma control de la mayor parte de sus vidas. Los tales viven de los buenos recuerdos y reviven las alegrías del ayer ante un presente no deseado; otros, se sumergen en los malos recuerdos, y se amparan de las ilusorias esperanzas de que un mejor mañana habrá de llegar.

Ambas situaciones deben ser consideradas como contraindicadas, salvo en la excepción señalada, pues te apartan de la realidad del ahora.

Si este panorama que te he presentado lo relacionas en consonancia con tu típica forma de pensar, sabe que estás construyendo con ello un infierno terrenal, cuando tu vida pudiera ser algo más hacia paraíso que infierno.

Ambos enfoques, los unos lamentando y sufriendo en el presente, lo que no se puede cambiar o disfrutando de alegrías del ayer; los otros, sufriendo por supuestas alegrías que habrán de llegar, o temiendo las pérdidas de aquello que no ha ocurrido, destruyen la construcción en el hoy, de un verdadero, real y feliz presente-continuo.

Sufren o disfrutan en un presente creado, que no es real. Si así es tú proceder, es hora y en este mismo instante, te será de utilidad comprender ciertos simples pero eficaces conceptos, cuya aplicación te ayudará a mejorar tu calidad de vida en general.

Primero, trataré de ilustrar con un ejemplo la relación de tiempo como la he podido percibir y utilizar a mi favor.

Imagina que compraste un terreno y tienes todos los materiales, tu equipo de personas para trabajar y los instrumentos requeridos para la construcción de una pequeña casa de campo. ¿Cómo sería uno de los posibles panoramas de todo este proceso?

Digamos que todo comenzó cuando una noche al dormir, tuviste un sueño en que te veías disfrutando en una pequeña casa de campo junto a tu familia. Todos disfrutando de la misma y esa sensación de felicidad, que se extendió cuando despertaste, afirmó una imagen mental que te motivó a hacer realidad dicho sueño.

Considerando el aspecto presente, la única realidad asociada con tu sueño, es la imagen de tu casa en una montaña, y tu certeza de tu capacidad para transformarla en una realidad en tu mundo de circunstancias y efectos.

Tu presente-presente es dicha imagen. Para simplificar la ilustración, considera que son tres niveles de acción para que la casa sea edificada. Solo nos enfocaremos en su estructura externa. Seguido, las tres etapas de construcción serán la base o zapata, las paredes y finalmente, el techo.

Comienza la construcción. Tu imagen original, se mantiene en tiempo presente, tanto en tu mente como en los planos creados, para definir los detalles y especificaciones de toda la estructura.

En el momento en que comienza la construcción de la base, tu imagen mental y los planos se convierten en un pasado-presente. Mientras tanto, durante su construcción, ésta etapa será considerada como presente-presente.

Observa cómo algo del pasado influye en el presente; mientras, se va convirtiendo en la posibilidad de que pueda ocurrir la próxima etapa.

Digamos que se cumplen los requisitos y la base queda terminada. Pasamos a la próxima etapa.

Al pasar a la edificación de las paredes, ¿cuál es el nivel de realidad de la imagen del sueño y los planos? Aún pueden ser considerados como pasado-presente pues, ambos tienen utilidad en el presente-presente. Obviamente, las paredes están en un presente-futuro, en este instante.

Comienza la construcción y, a su tiempo, es completada y pasamos a la etapa final del techo.

La realidad demuestra que aunque pasó un tiempo desde que se tuvo el sueño, se hicieron los planos, se construyeron cada una de las tres etapas para edificar la casa, una sola cosa persistió: el presente.

Nota que lo que realmente cambiaba, eran los intervalos de ocurrencia de las distintas etapas. Sin embargo, todas las etapas tenían que estar presentes para que la próxima pudiera ocurrir. En adición, su persistencia como casa dependerá que cada una de las etapas, ahora consideradas como parte de un pasado, persistan en el presente.

Si destruyes la zapata, la casa dejará de serlo, igualmente si destruyes las paredes o el techo. El elemento común es, sin lugar a dudas, el presente continuo.

Si el diseño no fuera finalmente de tu agrado, cuando todo ocurrió tal y como diseñaste las especificaciones, la casa no fue el fundamento causal del problema. ¿Vez la relación? Tu problema actual es solo el efecto de uno o varios "errores" del pasado, cuyas consecuencias impactan tu presente.

¿Cuál es la relevancia de esto? Lo más valioso que tienes a tu alcance lo es tu presente: el instante en el aquí y el ahora en que algo ocurre; donde se define y proyectan, ciertos resultados específicos y correspondientes para cada cosa o situación.

Tu presente es el fruto de tus sueños, visiones o trabajos del pasado. Tu presente es el futuro de tu pasado. Sólo cobras consciencia de la realidad en el "aquí-ahora", tu presente; siempre.

Sabe que tu misión de vida es vivir, pero que tú la determinas y construyes. ¿Cómo? Con todos los frutos de tu ser. Tus pensamientos, tus sentimientos, tu hacer o no hacer, tu sincronismo en actuar como corresponde para garantizar que los resultados sean los que tu anhelaste.

Cuidarte has de tener por todo lo que piensas, lo que sientes y haces o no. Deberás recordar que todo lo que eres y proyectas, dentro, fuera y alrededor de ti, son consecuencias exactas provenientes de tus cuadros mentales pasados y, el cumplimiento de su construcción a través de sus respectivas etapas de ocurrencia, pues lo queramos aceptar o no, es la forma en que la vida va transformándose y re-creando la realidad a la cual estás sujeto.

Tú eres el aquí, pues eres el centro de operaciones de donde surgen todas las manifestaciones, teniendo en ti su origen como centro común de creación. El aquí no está limitado a un lugar externo a ti pues ese es solo el lugar de ocurrencia física. Nadie más tiene la responsabilidad que sólo a ti corresponde. Eres tú quien creas lo que en tu mundo cosechas: lo que sembraste.

¿Quieres crear una nueva vida y re-crear tu mundo y hacerlo diferente y a tu gusto? Tendrás que inicialmente, crear tus proyecciones y especificaciones claramente en tu mente y conseguir que tu consciencia Divina que en ti reside, te ayude a definirla y a ser consistente durante todo el proceso.

Dado que existen múltiples influencias causales de desviación, deberás de estar alerta para evitar sus posibles intromisiones y, cuando contrarias o a favor, si es necesario sé flexible y razonable para hacer tus ajustes, cuando apliquen.

Dedica más tiempo a conocerte. Practica estar en silencio y no analices nada. Deja de pensar por un rato y dedícate a escuchar tu voz interna y deja que ésta te enseñe y dirija por el camino que te corresponde.

Eres diferente a todos, pero todos también son diferentes de múltiples maneras. Todos tenemos el mismo derecho a vivir, el de obtener cosas y disfrutarlas y compartir y que sean de utilidad mutua.

No desesperes para forzar la ocurrencia de algo. Sabe que en el plano físico, todo tiene su "tiempo" y su lugar. Si desesperas pudieras cometer errores que pudiste prevenir y que solo te das cuenta cuando ya el efecto desagradable no puede remediarse.

Cuídate de pensar, hablar, sentir y hacer, de que surjan con la siempre mejor intención de lograr tus metas, pero tomando en cuenta el impacto de éstas sobre todo lo que te rodea. Si te mantienes fiel a estos humildes consejos, de hecho obrarás en armonía plena y nada te será imposible.

Sal ahora a construir el presente de tu futuro en el aquí y ahora.

Nota:

1) No existe tiempo en el estado "presente".
2) El estado "presente" es aquel en el que lo que ha de suceder ocurre. Es como un instante de creación o surgimiento. Cada nuevo instante es un nuevo "presente".
3) El "pasado" es la memoria de un "presente" consumado, y el "futuro", es la imaginación de que algo del "pasado" podrá ser o no, o diferente, en cierto momento que aún no ha ocurrido ni hay garantía de que así será.

4) Tan pronto se consume una acción en el "presente", su fruto es: "pasado".

5) Puedo comparar el "presente" con una serie de puntos virtualmente separados entre sí. El "pasado" es una línea resultante interconectando todos los puntos individuales para crear un fruto en específico. A su vez, se convierte en una continuidad de todos los actos de surgimiento en un "presente" que se convirtieron en "pasado", que se entrelazarán creando una especie de continuidad de contexto tal como una línea. Es semejante a un retrato creado punto por punto tras punto. Al finalizar queda una imagen integrando todos los puntos. Luego si necesitaras un punto en específico, lo que podrías atraer es una porción mayor que pudiera tomar e insertar toda la imagen. En un "presente" consciente cada manifestación ocurrió instante por instante en acuerdo a los objetivos, propósitos y circunstancias específicas aludidas.

En un nuevo presente, pudieran ser necesarios algunos elementos del pasado, pero en una nueva serie de circunstancias parecidas pero distintas para resolver, la continuidad parecida del pasado es jamás adaptable para la nueva situación excepto fuese una réplica idéntica. De ahí, que el problema de riesgo mayor es cuando, al accesar un punto, utilizando como medio tu mente, la cadena de puntos entrelazados serán insertados en tu situación y el fruto será diferente del que debería ser. De aquí tal riesgo adicional puede ser prevenido si logras vaciarte de tu mente en los procesos nuevos y dejar que sean tus procesos de conciencia los que determinen, escojan y apliquen los datos de relevancia.

6) Todo lo manifestado es un pasado en el cual su futuro es el momento actual y presente en que lo vuelves a observar. De ahí que al observar todo está en tiempo presente.

7) Esta descripción de tres etapas nos sugiere que el presente está envuelto continuamente en cada una de ellas y se preserva.

Solo el Maestro puede señalarte el sendero...

Aquel que anhele al Maestro encontrar, deberá seguir sus huellas.

Aquel que en el Sendero considere caminar, al Maestro deberá encontrar primero.

Para descubrir sus huellas, deberás seguir su camino sin titubear. No hay cabida ni esperanza para aquel que se inspira en la desconfianza o busca tan sólo por curiosidad.

La verdad va más allá del conocimiento mismo; la verdad es tu Maestro.

Su camino está en todo lugar y en toda hora; allí en donde te encuentres, lo encontrarás presente. Pocos son los que verlo pueden, algunos los que lo escuchan, otros los que, al menos, lo sienten.

Contados son los que lo ven, escuchan, sienten y se dejan guiar por ÉL.

¿Quieres ver a tu Maestro? Cierra tus ojos y contemplarás su radiante presencia.

¿Quieres escuchar a tu Maestro? Llena con silencio tus oídos, y lo escucharás con claridad.

¿Quieres sentir a tu Maestro? Deja de sentirte a ti mismo y lo sentirás.

¿Quieres encontrar a tu Maestro? Deja de buscarlo y ÉL se revelará. Comenzarás a sentirlo en su plenitud, pureza y santidad; salte del camino, ¡déjale su lugar!... pues sólo así a ti se allegará.

Tu Maestro está aquí, allá, ahora y siempre.

Contigo camina siempre; un poco más al frente, pero sin dejarte atrás.

¡Calla! No digas nada, pues, el Maestro aquí está. Mantente en silencio y deja por un instante el ruido de tu mente, deja que ésta se aquiete por sí sola y como un sublime susurro a escucharlo comenzarás. Si puedes alcanzar ese silencio, ocurrirá.

Cuando lo encuentres no le pidas nada. Todo lo sabe y su misión es ayudarte a satisfacer todas tus necesidades para que puedas alcanzar tu libertad. Llevas mucho tiempo en una esclavitud que no te corresponde y es hora de que libre seas.

Tendrás que detener tu divagar y frenar tu incesante acción. Él no se alienta frente a las ansias desmedidas y menos, ante la desesperación.

Tu Maestro es tu fuente de armonía, sabiduría, despertar y del perfecto Amor.

No puedo cesar de recalcarte: si decides buscarlo, deja de hacerlo y acalla tu mente; termina definitivamente con el ruido de tu mente. Relájate y siente, siéntelo con fervorosa intensidad pues ahora mismo, contigo está.

No pretendas seguir errando tratando de encontrarlo fuera de ti. Por eso, al buscar fuera del lugar que le corresponde, nunca pudiste encontrarlo.

Ahora, varias cosas más. Vacía tu mente de todos tus pensamientos, sentimientos, vanos orgullos, resentimientos, juicios,..... Perdona y abre tu corazón a la humildad y al verdadero amor desinteresado. Su verdadera esencia, que es tu esencia, surgirá gloriosamente pues Él, tú mismo eres y lo comprobarás cuando te encuentres.

Cierra tus sentidos físicos, libérate de tu ego y despliega los sentidos de tu consciencia. Solo así salir podrás. ¡Déjalo salir, pues eres tú, tu verdadero Ser quien liberado será!

Rompiendo estas cadenas de esclavitud, lograrás quitar de tu ser el peso de los pecados, errores y sentimientos creados por el desviado camino al cual te allegaste ignorantemente. Creaste una falsa personalidad de lo que realmente eres y luego, le diste poder para regir en ti, como si fueras tú mismo.

Regresa a ti y al Sendero que te corresponde y muchas maravillosas cosas que ni soñaste, te sucederán. Sé uno con tu Maestro, pues la insensata presunción del fantasma de tu ego te forzó a ser dos, cuando uno eres. Cuando mires atrás, las huellas que verás, tus propias huellas serán y dejarás por siempre detrás de ellas caminar. Entonces comprenderás que todo camino, tu Sendero será. Ya no habrá nada que buscar y todo te será posible.

La verdad oculta

La verdad oculta es la existencia de una realidad sustancial, la cual opera invisiblemente detrás de todas las manifestaciones físicas. Permite el surgimiento de todas las cosas, permaneciendo imperceptible, como si fuera insustancial o sin existencia. De ésta "materia insustancial", se infiere que es funcionalmente semejante al cualquier material base de origen físico utilizado para construir un objeto igualmente físico. Asume la forma que corresponde a cualquier creación, y luego, establece y hace perdurar en armonía la vida útil de la forma.

Una cualidad distintiva es que la realidad sustancial es común en su naturaleza para toda creación. En el plano físico no lo es para todas las posibles creaciones. Cada forma diferente puede requerir materiales base diferentes.

La verdad oculta tomó parte y aún participa del surgimiento de tu cuerpo, su funcionalidad tanto como su persistencia. Te sirve aunque, no la percibas ni comprendas y eres, porque la verdad "es" y continúa siendo, tu razón de ser su voluntad.

La verdad se revela por ti, en ti y a través de ti y, dado que la verdad oculta "es", no la puedes alterar. Sólo es posible comprenderla cuando logras alcanzar compenetrarte en su armonía.

La verdad implica riesgo. Si no la comprendes puedes decidir incorrectamente y por consiguiente, obrar de igual manera. La verdad oculta no es emocional ni sentimental como los seres humanos. Es justicia y por lo tanto, el fruto de cada obra se enmarca entre sus límites con apariencia de verdugo.

La verdad oculta premia a quién con ella armoniza aunque comprenderla quizás no logre, pero que actúe en conformidad a su flujo de manifestación. Sin embargo, disciplina al que obra contrario a ésta pues es en sí misma, el fundamento de la Ley Divina.

Sus frutos son siempre frutos de amor y sin castigo, sin importar nuestro criterio ni opinión.

No existe nadie para hacerla cumplir y tampoco juzgar. La Ley existe y por sí misma y sin acción, sus frutos no se hacen esperar. La verdad oculta obra por medio de la justicia y son las grandes Leyes Cósmicas las que manifiestan el fruto correspondiente en toda acción.

¿Qué es, entonces, la verdad oculta?

La verdad es fuente. Su realidad es Centro.

¿Cómo la vemos manifestarse?

Típica e ignorantemente, como una imagen, lo que creemos de ésta, lo que queremos creer, lo que nos interesa creer y no lo que la verdad es en realidad. Si no hubiera verdad ni tú ni yo existiríamos pues la verdad nos ha creado y en esta somos sostenidos. Es menester que te vuelvas a la verdad si es que pretendes vivir, pues sin verdad meramente existirías. Seguirías indefinidamente girando en su periferia sin alcanzar su centro.

Si no aspiras a la verdad tu vida no será distinta a la de un árbol que no da fruto, que no da sombra y que cuando complete el ciclo, desaparecerá sin dejar huella. Mejor te hubiera valido no haber nacido pues fuera de la verdad es imposible vivir y ser feliz al mismo tiempo.

Para que la justicia dé testimonio de igualdad para todos, recalco, vives en el mundo de la verdad y son aquellos que no armonizan con esta los que viven en la oscuridad.

La comprensión de la verdad sólo se consigue de manera escalonada por las masas; pocos, los iluminados, en un instante al despertar.

Cada cual, en su plano mental y emocional, en ocasiones involuntariamente o por causal de motivos de origen reactivo, creyéndose ser sabio, promueve pensamientos y doctrinas engañosas enterrándose en el fango de su terrible ignorancia y confundiendo a los que están en su mismo o más bajo nivel.

Tarde o temprano sucumbe, el tal, ante el juicio de sus propias acciones, viéndose obligado/a a comprender, con experiencias compensatorias, quizás llenas de dolor y sufrimiento, lo que por descuido o pereza no trató de comprender por el proceso natural en base de la armonía cuando por primera vez, tuvo la oportunidad para ello.

Por eso es tan difícil ver un progreso armonioso entre todas las ramas del saber como la religión, la ciencia y su tecnología, la política y la moral; la filosofía y las artes. Cada cual reclama una verdad absoluta que hace a cada una indispensable para sí pero, que en vez de complementarse, se manifiestan aislada e independientemente unas de las otras. Esto lo podemos confirmar con el hecho de que el mundo continúa experimentando, por ejemplo, los mismos tipos de problemas sociales a través de todas las generaciones. La solución de nuestros problemas básicos no ha sido posible de manera uniforme dada la continuidad y perpetuidad de tales lagunas de separación.

Una o todas están fuera de la verdad pues ésta es armonía y allí donde se manifiesta, inevitablemente es la armonía la que se establece y prevalece.

De ahí que la verdad se fundamenta y sólo puede ser hallada por medio de cuatro pasos activos de actitud y acción: "querer, saber, osar y callar".

Estos constituyen el fundamento de lo que se le llamó: "magia". Magia, como si estuvieras hablando de algo misterioso en su naturaleza y manifestación, pero te sugiero no te precipites a conclusiones como muchos, que en sus épocas, siendo víctimas de la ignorancia y la incredulidad, condenaron la base de la sabiduría y precipitaron el atraso actual de nuestra evolución.

No se atrevieron a proclamar que solo en ésta es posible encontrar la explicación exacta a todas nuestras interrogantes y la claridad para disipar las confusiones e incertidumbres. No existe en ella conflicto con los preceptos de la verdad, aunque en ocasiones las doctrinas humanas le hayan dado señalamiento de anatema y de origen maligno.

La verdad oculta, sinónimo de la realidad contenida y la razón de ser de todo lo que se manifiesta, actúa como por arte de magia frente a nosotros, quienes ante la sabiduría de la Inteligencia Suprema, pretendemos imitar y alcanzar tal infinita consciencia y poder.

De ahí que muchos escudriñadores sinceros y de nobles intenciones se hayan puesto en la gran búsqueda. Así es que debido a la motivación de genuinos estudiosos, se ha logrado la creación de tantas sofisticadas y útiles ramas del saber, pero fragmentándose en vez de considerar e incluir los enlaces existentes entre todas.

Es menester "querer" y actuar si queremos "saber". Luego de alcanzar el conocimiento, y sólo entonces, estaremos capacitados para cumplir con nuestro deber para "osar" que implica hacer. Será, entonces, el momento propicio para demostrar–bajo la aplicación– que lo que aprendimos es lo correcto.

No deberás olvidar que tus acciones tendrán que ser dirigidas libres de la intención que sólo se motiva por la búsqueda de reconocimiento y sí, el guiarte por el amor desinteresado que te capacita para obrar por deber y por ayudar a los que se han rezagado, sin que así se den cuenta de ello.

Por lo tanto esto es lo que te conduce a la comprensión del último aspecto del "callar" para lograr la libertad y elevación de tu espíritu el cual lucha por llenarte de felicidad.

La verdad no se enseña. La verdad se recuerda y retiene en modo de aprendizaje. Sólo cuando eres apto/a para reconocerla te será posible comprenderla si la búsqueda no es motivada por los intereses y pasiones egoístas característicos de la naturaleza primitiva que reside en el fondo de los archivos de nuestra almas, tanto de la individual como la de la colectividad en la cual nos manifestamos.

La verdad oculta es desinteresada pero para ésta, todo tiene una razón de ser, un lugar, un tiempo y ninguno de estos elementos le afecta. La verdad oculta es impersonal y actúa por sus razones propias y no por las tuyas. Es menester definir un punto de partida firme, si es que pretendes vivir una vida fructífera y plena.

Juntos deberemos de caminar el "sendero de la verdad oculta el cual es el camino del silencio" para así poder escuchar su voz, "la voz del silencio", que proviene del "tiempo sin tiempo" y que procede del "lugar que no existe" pero que está en todos los lados de la ilusión y dentro de todas las "formas". Sólo así podrás aspirar llegar a comprender lo incomprensible y alcanzar lo inalcanzable que siempre ha estado y estará contigo por la eternidad.

Al encontrarla, y me refiero a la verdad oculta, no querrás apartarte de ella y entonces sabrás que fuimos nosotros, tú y yo, quienes nos alejamos.

Hoy nos manifestamos desde la periferia, entonces lo haremos desde el "centro".

Si deseas caminar, atrévete a caminar junto a mí y podrás llenar todo vacío dentro de ti. Camina junto a mí sin mirar atrás y te aseguro que jamás te arrepentirás. No hay nada que perder, todo será ganancia. Caminemos... (así es la respuesta de tu verdad oculta)

La Verdad...

¿Qué es la Verdad?

La Verdad es algo más que conocimiento. Originalmente, este fluye como un río de inertes rocas sin utilidad primaria por carecer, en sí mismas, de propósito tanto individual como colectivo. Esto así debido a la ausencia y dirección inteligente por lo cual son simplemente datos; rocas pero rocas que no saben construir una casa ni cosa alguna.

El conocimiento es la forma más elemental de la escala de la Verdad, la cual en cierto punto se deberá transformar en: "Saber" si ha de ser de utilidad.

La Verdad abarca los límites, características y cualidades inherentes e intrínsecas, de cada tipo de forma y manifestación. Sus orígenes fueron fundamentados y cimentados por la Verdad traducida como la esencia de las formas y del conocimiento con inteligencia o saber.

La Verdad se expande infinitamente tanto a las alturas como a las profundidades del Saber mismo, y no existe lugar alguno que escape a Su presencia. Quien acceso ha tenido a la Verdad, puede afirmar que ha llegado a Saber. Solo la Verdad te conduce al Saber.

Para llegar a Saber, solo con el conocimiento de la existencia de algo, no te será suficiente. Existe un paso intermedio el cual considero imprescindible y es la experimentación existencial.

Nunca deberás aceptar pensamientos, ideas, conceptos, creencias, dogmas, doctrinas ni conocimiento alguno, independientemente del origen de la información, sea proveniente de quien sea o del escrito que sea sino puedes confirmar con certeza y convicción aquello.

No estás en la obligación de creer algo sin el cedazo de una validación positiva. En el transcurso de mis mejores años de energía, vida y claridad mental, desperdicié mis verdaderas opciones de vida y ejecutoria necesarias para conseguir alcanzar mis verdaderas metas. Delegué en vanas y fatuas esperanzas y especulaciones, lo que me indicaron serían las semillas para garantizar mis frutos y fallé, por seguir la opinión de aquellos en que ciegamente confié y me engañaron. No sé si lo hicieron con o sin consciencia. Nada más lejos de la Verdad, por lo cual cuando cuenta me dí ya era apenas una imposibilidad el recuperar y crear el destino que siempre soñé. Mi destino actual, muy distante de lo que anhelé.

La Verdad trasciende las formas y sus manifestaciones pues es puro Saber. Nada existir pudiera si la Verdad no la hubiera concebido y permitido "ser". Toda la existencia es fruto del saber, y cuando el saber desaparece también la forma, pero la Verdad persiste por su eterna naturaleza.

La Verdad es aquello que ES y que no puede dejar de ser para transformarse en algo diferente.

Lo que Es, siempre ha existido y por siempre existirá.

Lo que Es, pura existencia propia y fuente de existencia de todo. Eterna.

No tiene género, forma ni nada le precede y que persistirá aún si todo desapareciera.

Es, es la Fuente que define todas las características y cualidades de los elementos que la Divina Inteligencia Suprema, a través de Su Espíritu, permite su surgimiento a la realidad existencial. Medio para constituir todos los "cuerpos físicos", de todas las formas manifestadas, sean visibles o invisibles tanto como las formas que pudieran existir en planos inferiores o superiores en cuerpos espirituales o más densos. De ahí, el surgimiento de infinitas formas; del tiempo y el espacio, del movimiento y la dualidad.

Algún día comprenderás que existes como una identidad individualizada personal. Muchas líneas de pensamiento difieren con mi punto de vista. No debemos, por ello, tener conflicto pues me he relegado, por mi libre albedrío, a seleccionar y aceptar los frutos de mis análisis, estudios y experiencias que utilizo para decidir por criterio propio. Si en alguna ocasión cualquier velo que me ocultase la verdad en este momento fuese removido, y lograse confirmar que esto no es así, no dudaré en aceptar la prueba de la Verdad.

Tú eres un ser espiritual, siempre has existido y existirás por siempre. No fuiste creado, solo la forma de tu cuerpo responde a una creación, pues tu cuerpo es un arreglo de generación de los elementos ya en existencia en nuestra naturaleza. Lo "creado" pudiera ser atribuido de manera exclusiva a la "forma" y no, a lo que permeado y/o entrelazado con ésta que la dirige y controla pero tú, un ser espiritual eres, un ser con existencia perpetua.

Una "forma", por su naturaleza cambiante en continuo, nunca es constante en su expresión y, por consiguiente, es irreal en su proyección externa, visible o invisible; una especie de ilusión. Sin embargo, para una existencia práctica te recomiendo la aceptes como real, y evitarás confusiones mayores, pues somos reales en éste nuestro plano de existencia.

La Verdad Es y gracias a ello ha sido posible la existencia y supervivencia. Todo a través de leyes y procesos perfectos e infalibles que para cada individualidad y colectividad consecuentemente, en acuerdo a género, especie, funcionalidad, propósito de existencia y ciclos de existencia, hayamos podido llegar a ser y subsistir, en un balance y equilibrio total entre todas las cosas dentro de la Totalidad. Así se revela frente a tus ojos y razonamiento. Esto, dispuesto como posibilidad.

Es, es lo que no tiene principio ni forma ni cambia en su naturaleza; tampoco es dual en su origen natural y por ser Fuente, es el medio mental desde dónde la Inteligencia Suprema, hilvana todas las posibilidades de elementos para las infinitas formas.

Les facilita su surgimiento, origen y cualidades para que toda alma escoja el medio a experimentar y que, estimo, puede asumir voluntariamente, al menos en su primer ciclo de existencia en el plano correspondiente (físico).

Solo puede "ser", aquello que a través del Es surge, aunque él Es no fuerza el diseño de la forma ni exige características ni funciones, como tú y yo en búsqueda de satisfacer propósitos y cumplir metas. Sólo inspira y hace disponible, y la esencia de cada "ser" escoge y asume, lo que entiende le permitirá el nivel de experiencias correspondiente a su estado (evolutivo) presente.

Lo manifestado en el mundo de las formas (visible o invisible- en el plano físico), es dual en su origen y naturaleza. La dualidad: espíritu densificado (cuerpo) y consciencia polarizada (mente). Todo proviene de la unidad total de la Conciencia-Espíritu llamada Inteligencia Suprema.

Deberás comprender que el fin jamás alcanzará la Verdad porque lo que no tiene principio no puede terminar.

Lo que ES no es fruto de la acción. Un fruto es aquello cuyo origen proviene de una fuente distinta de sí pues, se separa de su origen causal. Por ser ES Fuente y por existir en la eternidad, se deduce que no hubo acto de creación. En carencia de estos elementos puedo afirmar que se existe dentro del marco de la no-acción. Dado que él Es está y es un estático, solo existe; sin cambio de posición ni lugar a donde ir ni estar fuera del aquí en tiempo presente eterno pues fuera del Es nada existe. Por consiguiente, toda existencia permanece conectada a Es.

Las formas son su fruto. Siendo la no-acción su origen, no hubo creación. El surgimiento es un cambio de vibración y no un acto en específico. Solo un arreglo en la combinación natural y sin voluntad directiva. Los procesos automáticos no se esfuerzan ni nada fuerzan. Esto es análogo a decir que la Divinidad concibe y el fruto se manifiesta sin pasos de acción para crear ni construir nada entre ambos estados. Es tal como si ya todo existiera y lo realizamos cuando nos permitimos tener consciencia de ello. En Ésta contenidas y atadas con lazos invisibles todo está. El fruto, contenido dentro del Es está previo a su concepción y exposición.

Todas las formas son parte de la dualidad y cada una es creada según su género y finalidad.

Somos, en nuestra expresión: "efectos".

Somos "frutos de la interdependencia entre los elementos constituyentes, complementarios y correspondientes, de acuerdo a las Leyes Divinas, según dispuestos para afinidad, sincronización y así dar surgimiento y sostén, a todas las formas".

Aunque ES no es dual, la facilita en función de los opuestos aparentes.

Es la única fuente de surgimiento y regeneración de todo lo que se manifiesta tanto como su único sostén.

ES siempre ha existido y lo han identificado y definido de múltiples maneras en los Libros Sagrados de todas las culturas del planeta y en todas las épocas. También ha habido definiciones y descripciones por la tradición conocida como "de boca a oído".

ES, es total. No es individual. No existe definición humana posible para comprenderlo pues las palabras son huecas ante la Majestad, Profundidad, Expansión, Poder, Amor y Justicia, de su Naturaleza Divina.

A la Suprema Inteligencia, la Verdad, al ES, solo se le puede llegar a conocer al establecer una comunión y vínculo de AMOR puro, sincero, humilde, respetuoso, agradecido; desprovisto de toda forma de egoísmo, en donde, entre la Divinidad y tú, al mirarte en un espejo, sólo se refleje al ES.

Recuerda que Está abarcando todo lugar al mismo tiempo. Ni el tiempo ni el espacio lo contienen, bajo Su sombra todo abarcado está.

ES, es la causa primaria; el Poder Sustentador de donde todo surge y que a todo sostiene, compartiendo con todo, su influjo de vida.

Quizás hayas alcanzado cierto nivel más allá de lo común de cómo ES, es.

Si percibes que aún las formas y el ES son uno, esto es un indicador de que estás elevándote en tu nivel de pureza y permitiendo que se manifieste la Divinidad que eres en tu interior.

Tal percepción no es de la mente. La misma procede de tu Consciencia Divina en proyección interna, la cual habías rechazado y en estado inactivo permanecía. Si así te ha sucedido, estás en el proceso de despertar o ya has despertado totalmente.

La raíz de tanta infelicidad y sufrimiento, cuna de muchos males, tiene inevitablemente su origen en la ignorancia de lo que somos y lo que creemos ser; del cómo somos, humanos-Divinos, de nuestra relación de origen y naturaleza con todo lo que nos rodea, y la conexión con la Suprema Inteligencia.

Pocos son los felices, los que conocen y viven en la paz a la cual tenemos derecho, individual y colectivamente.

Los frutos antes mencionados no son posibles si el Amor y nuestra comunión con todo y hacia todo, en aceptación y pureza tal y como nos enseñaron los antiguos y presentes Maestros, no es sentido ni practicado en todo momento de tu vida.

Sólo cuando hayas alcanzado tal compenetración, por medio de tu entrega incondicional y despiertes, serás consciente de haber penetrado en el Sendero que te corresponde.

Comprenderás que eres un ser valiosísimo para con tu prójimo. Mientras esto no suceda, te sentirás vagando en un círculo, en movimiento espiral, que desciende hasta tu centro individual y aislado llamado: Ego. Este no es sino, tú falsa identidad creada y sometida al plano de lo físico, cuando tu naturaleza espiritual y consciencia te garantizan la plenitud de la felicidad Divina.

Es necesario vivir en Luz para despertar a la comprensión de la Verdad.

Esta es el ES, la Suprema Inteligencia, sinónimos todos.

Así como al despertarte sin que nada lo fuerce, en que tú ser renace alegre, descansado y con claridad de mente para enfrentar un nuevo día de labores, imagina despertar a la Consciencia de la Verdad. ¡Despierta!

El ser humano, el alma, el Espíritu

Latiendo tu mente en estado inconsciente y con implacable inquietud, así la insegura caravana de pensamientos que en continuo a ésta se allegan. Ahogarte proceden con desordenados, incomprensibles y pesados datos; con erradas ideas y desatinados conceptos. Así la cualidad de tus pensamientos, así tu proceder, así la calidad del fruto de tus obras.

Por esto, tu imparable deambular que te ha plagado de fatuos e insaciables deseos. Tu ser ha sido saturado con una desesperante amargura que tronchar tu sendero pudiera, a menos que detengas su instintivo y primitivo proceder.

Eres un ser humano, pero a su vez eres un "alma personalidad individualizada" en donde tu Consciencia y tu mente, se manifiestan en conjunto con tus sentimientos, permeados en una esencia Espíritu que se ha densificado para crear tu cuerpo y que, en conjunto, mantiene viva la llama que a todo tu ser da y sostiene con vida. Estos deberán mantener una relación de comunión e interdependencia armoniosa si anhelas, de la vida, sus más preciadas bendiciones recibir y compartir.

Sólo así tendrás la oportunidad de triunfar y ser feliz, y con ello también la posibilidad de trascender las limitaciones de tu materia.

Primeramente, cuidado habrás de tener ante aquellos, algunos, que presumen de la Divinidad sus secretos conocer y guiarte aspiran por presunción de sabiduría y Don Divino, lo que en ellos es fruto de personal interpretación y cuando sus testimonios no son compatibles con sus obras. También cuidarte has, de aquellos... los llamados sabios...profetas... ¿falsos sabios,...falsos profetas? Nadie puede tener certeza de lo que aquellos predicen hasta tanto ocurra manifestándose lo que nos propusieron creer. Triste sería que al surgir dicho momento, nada de lo que nos afirmaron sucediera, como lo que lamento afirmar es mi experiencia.

Han sido ellos los que tomando ventaja de tu pasajera ignorancia y necesidad; los que se han aprovechado de tu pureza ante tu expuesta vulnerabilidad. En ti sólo existe pureza, humildad y amor, pero echaron sobre ti velos de ignorancia disfrazados de aparente verdad, y aceptaste sus mentiras.

Así lavaron y saturaron tu mente con sus nefastas ideas, para hacerte creer lo que solo a ellos convenía. Proyectaron sobre tu ser las barreras para que no pudieras conseguir, la liberación de tus virtudes; te saturaron tristemente de confusión y haciéndote creer ser lo que no eres, y provocando con ello hacerte errar en tu caminar y dejarte controlar.

Son aquellos los que te alejaron de tu sendero con tu consentimiento. Te convertiste en víctima de muchos. En su presunción de sabiduría y desespero por aceptación y reconocimiento, te sedujeron maliciosamente para controlar tu vida.

¡Basta! Sé consciente y despierta a tu realidad. Utiliza tu discernimiento espiritual. Te es posible, si te lo propones, el desenmascarar a los engañadores que ni conocen ni testimonio de virtud dan, pues tampoco comprenden lo que dicen. Aléjate de estos quienes sólo quieren dispersar tus energías y anegar tu voluntad, y nublar tu consciencia.

Tu inquietud, la cual florece desde lo más íntimo de ti, es la fuente que motiva tu búsqueda de comprensión de quién eres y para qué existes y, acepto que sea así. También podrás confirmar que ésta inquietud puede haber sido el elemento causal de mayor insatisfacción en tu vida. Es el señuelo por excelencia de tus enemigos ocultos.

Sólo a ti corresponde frenar tal irresponsable y traicionero proceder en tu contra. Solo en ti reside el poder y la capacidad, por derecho propio, para frenar el influjo de engaños a través del discernimiento acertado y la no aceptación de sus influencias con inflexible firmeza.

Contribuirás, en adición, no tan solo a liberarte de tus engañadores sino a frenar la continuidad de tal tóxica difusión de maldad encubierta en contra de multitudes.

Recuerda que ni la opinión ni las interpretaciones de nadie, podrán cambiar tu realidad. Eres semejante a la imagen de tu "Creador", y por consiguiente, único/a, especial, e insustituible pues no dos personas somos iguales ni iguales nuestras misiones dentro de la libertad a escoger que la Divinidad te ha permitido.

A quien tienes que escuchar es a la voz de la Divinidad en ti y no a los engañadores que te asaltan como ladrón en la noche.

Tu cuerpo te identifica como un ser humano conteniendo un alma personalidad y constituido por la esencia espiritual de una Inteligencia Suprema y que conoces como Dios, en Espíritu y Conciencia. ¿Qué más pudieras necesitar?

No olvides que todos hemos surgido de una Fuente común y, en esencia, somos todos iguales y con derecho a lo que queramos hacer, tener o disfrutar, mientras no se transgredan las inmutables Leyes de la armonía universal. Tus derechos fueron establecidos por la Naturaleza misma, pero el ser humano, en su ignorancia y errada comprensión, ha desequilibrado todo y luego, aspira ordenarlo forzando sus ignorantes medios. Nada más contradictorio.

Es cierto que todos tenemos distintos grados de comprensión. También es cierto que puedas estar sufriendo de alguna limitación física o psicológica. Quizás dicha limitación puede estar impidiéndote el darte cuenta de algunas situaciones, conceptos o ideas con claridad. Ello puede degenerar afectándote adversamente si accedes a una realidad distinta a la que corresponde. Deberás ejercer gran cautela con los lobos disfrazados de ovejas que a ti se acerquen con pretensión de ayudarte.

Conociendo esto entonces, sé prudente en tu proceder y aceptación de lo que te traten de inculcar.

No te apresures a aceptar inmediatamente lo que crees entender ni rechaces lo que con tu consciencia comprendes y reconoces como verdad. Date cuenta que la mentira utiliza múltiples disfraces para engañarte. Esos procedimientos de engaño provienen de la mentalidad común que se impone rechazando el consejo de la consciencia.

Carlos A. Vega Cardona

Recuerda, la verdad sólo proviene de tu Conciencia, aquella que reside en tu alma y se apoya en el Espíritu de la Inteligencia Suprema conectado con el Espíritu que en ti habita y cuyo consejo y dirección jamás equivocarse puede.

Sabe con esto que te he dicho, que tu comprensión sólo está limitada por tu nivel de consciencia. Esto determina tus probabilidades de sucumbir o no, cuando estés expuesto/a al riesgo de caer en la prisión de engaños. La clave es despertar al hecho de que a través de tu atención, dirigida a la percepción de tu consciencia, notarás cómo tu comprensión va gradualmente incrementando, tanto como tu mundo de circunstancias comienza a ordenarse en acuerdo con la armonía y orden divino provisto.

En el plano de las realidades, las cosas son como son y punto. Nuestra interpretación de cualquier cosa puede acercarse a la verdad de la misma o distanciarse como los cielos de la Tierra. Pueden existir o producirse, tantas interpretaciones sobre una cosa, como personas individuales lo intenten. Es posible que todos estén incorrectos, pero lo importante es lo que tú hayas aceptado como verdad. Recuerda que así como pienses, lo que pienses y sientas, determinará cómo actuarás. Más aún, ello determinara tus frutos.

Considera que el conocimiento absoluto de todo, sólo le pertenece a la Inteligencia Suprema. Sin embargo, no siempre es necesario para lograr buenos resultados, saber aspectos más allá de los necesarios y prácticos, que se van develando gradualmente, en la medida de la ocurrencia de lo que vayas haciendo y aprendiendo y en tanto tengas certeza de que no se alteren la armonía y el orden Divino.

Siempre he apoyado que la única constante del universo, es el cambio. Hoy y siempre, a la luz de tu consciencia y capacidad de percepción, si las condiciones originales cambian, así tu comprensión de las mismas deberá cambiar, generándose un nuevo nivel de comprensión del asunto o cosa.

No aspires más allá de la comprensión de los elementos vitales que determinan tanto la naturaleza como los efectos esperados. Cada cosa tiene su tiempo y lugar.

¿Qué es el ser humano? ¿Quién eres? ¿De dónde vienes? ¿Qué es el cuerpo, la mente, tu consciencia? ¿Qué es el alma, el espíritu? ¿Por qué estás aquí?

¿Cuántas veces, quizás, te has hecho éstas preguntas? ¿Cuántas respuestas diferentes te han dado y, aún con todas dichas explicaciones, te confundes al tratar de explicarlas?

Mi consejo es que no trates de encontrar ni crear explicaciones con palabras de este mundo, donde solo el lenguaje "celestial" puede. Para comprender lo que es el alma, el espíritu y la consciencia, deberás conectarte con la Divinidad que en ti mora y ésta te revelará sin palabras lo que son. Por eso puedes intentar explicar los fenómenos físicos, porque te manifiestas normalmente en dicho plano y conoces la forma de expresarlo.

Así es que las distintas formas del saber, fundamentadas en la aplicación de las ciencias, ha logrado el desarrollo y aplicación de las tecnologías correspondientes buscando comprender y aplicar las leyes naturales. Gracias a dichos esfuerzos de estudio y trabajo, se ha mejorado la calidad de vida de la mayor parte de la raza humana en donde se han podido implementar las mismas.

El campo Espíritu/Consciencia/Mente, por ser-en apariencia insustancial- hace más delicado y compleja la comprensión y control de los elementos causales, lo cual también dificulta la reproducción de efectos en correspondencia y consistencia bajo controles científicos y hasta espirituales.

Mi forma de explicar la naturaleza del ser humano es sencillamente visualizar el que la Inteligencia Suprema engendró una porción de sí misma y luego la proyectó en una infinidad de "partículas Espíritu /Consciencia". Concibió y decidió crear distintos planos de existencia y para cada plano, ciertas manifestaciones de "formas". En esta explicación superficial del asunto, el ser humano, y cada ser, es una partícula Espíritu/Consciencia que adquiere individualidad al asumir una forma, o cuerpo físico denso. La porción espiritual creará el cuerpo que tenemos y la porción consciencia, asigna una porción de sí, para crear la mente. He ahí el origen de la pseudo identidad e individualidad humana. Un cuerpo físico proveniente de una densificación del espíritu y una mente individual que surge de nuestra Consciencia Divina.

La mente es la porción que se encarga de los aspectos sensoriales del entorno externo e interno a nuestro alcance, incluyendo nuestro cuerpo físico y que debiera consultarlo con la Consciencia Divina en nosotros para guiar nuestros procesos de decisión. Es en esta fase que el Ego interfiere.

Si por ejemplo, quisieras decidir sobre algo en específico, tu mente comienza a utilizar todos los datos que sensorial y físicamente percibe, datos de experiencias asociadas, y sus posibles interpretaciones de lo que debe entenderse y cómo decidir. Luego, echa a un lado tu mente y permite presentar la situación actual a tu Consciencia Divina interna. Esta te proveerá la decisión más efectiva y aprobada divinamente para luego, a través del cuerpo, llevarla a cabo.

Tal es la triste realidad, de que la mente tiende a insubordinarse ante la consciencia y trata de decidir sin tomar de ella opinión alguna. Esto es lo que llamo una manifestación de EGO dado al libre albedrio que nos fue permitido. Esto es un causal de múltiples dificultades en tu vida pero que ahora podrás comprender parte del mecanismo del por qué, de acuerdo a mi criterio personal, nuestras vidas se corrompen y erramos nuestras decisiones y por ende nuestros caminos.

De ahí la necesidad de tener este tipo de conocimiento para confirmar la validez de aquella frase Sagrada que dice que el Maestro Jesús afirmó diciendo: "Si alguno quiere venir en pos de mí, niéguese a sí mismo, tome su cruz y sígame." Mateo 16:24 Niega tu mente y ábrete a tu consciencia.

El EGO, nuestra personalidad individual tiene que ser reconocido y utilizado dentro del contexto de la función por la cual se le ha permitido ser y funcionar. La mente ha albergado una actitud separatista y arrogante influenciado por este, al excluir la participación de tu naturaleza Consciencia Divina. Si puedes comprender esto, aceptarlo y practicarlo, tus posibilidades para una vida llena de bendiciones son ilimitadas.

Solo reconoce que le has negado a tu Consciencia la participación en tu vida, que es lo único que te hace falta para equilibrarte. Con esto en acción abrirás nuevas puertas a tu felicidad y henchirás de alegría tu aposento, como Templo de la Divinidad con quien debes tener comunión.

Comprensión...

Si has de aspirar a ser libre tu obligada misión será descorrer tus velos de ignorancia. La correcta comprensión de tu naturaleza Divina y su aplicación, deberán ser tu principal foco de atención y fuente de acción.

Repasando algunos aspectos fundamentales asociados con el conocimiento, la manera típica en que se origina y obtiene, y sin exigirte coincidas con mi opinión, te pido trates de entender mi siguiente línea de pensamiento:

- El planeta en que vives está poblado por una gran variedad de "formas vivientes". Estas han sido clasificadas por los científicos con el término "especies".
- Varían en forma, tamaño, peso, color, habilidades y capacidades, entre otras valiosas características y atributos.
- Tú como "ser humano" eres parte de una de estas especies.
- Todas, independientemente de sus diferencias o semejanzas, comparten la necesidad de "sobrevivir".
- Todas están sujetas a un proceso de cambio continuo promoviéndose la necesidad de ajuste y adaptación, especialmente, por la influencia del entorno. Si sobrevives o no, y qué tan bien o mal sea tu desenvolvimiento,

dependerá de tu capacidad como miembro de tu especie, en la certeza y ejecución de tus decisiones sea por razonamiento, intuición, instinto o consciencia.

• La supervivencia de todas las especies dependerá de su capacidad de adaptabilidad ante toda influencia interna o externa.

• Tu capacidad para seleccionar cursos de acción que garanticen tu preservación dependerá de tu habilidad para reconocer, frente a las condiciones circunstanciales y alternativas, la más viable.

• De ahí tu necesidad de adquirir conocimientos, pero en términos del "saber". Para saber, deberás tener algún tipo de información que sirva de referencia que te facilite llegar a conclusiones y, por lo tanto, es aquí que el conocimiento te es crítico.

• Posees un sistema cerebral y una capacidad mental muy desarrollada y sofisticada, cuando lo comparamos con la multiplicidad de especies restantes.

• Esto te facilita el poder recibir, interpretar, procesar y almacenar todo tipo de información recibida a través de tus sentidos. Has demostrado tener el potencial de tener consciencia de ti mismo/a con una capacidad innata de percibir y formar conclusiones de ello.

• Te es posible desarrollar una percepción y comprensión de "algo" en diferentes niveles o planos que varían en términos de gradación, como también has alcanzado la consciencia de tu naturaleza física y, su contraparte, la espiritual. Has sido afortunado/a en tener la capacidad para reconocer la existencia de una "fuerza creadora", del Cosmos, de la causa por la cual existes, la cual ha sido denominada utilizando términos limitados para describirla como lo son Dios o el Todo, entre muchos otros.

- Tu capacidad intuitiva es otro de los atributos. Te es posible alcanzar una elevación de comprensión facilitándote una aproximación gradual o súbita, como un despertar, a la verdad que no es expresada a través de palabras. Podrás llegar a saber con mayor claridad sobre lo que llamamos "el por qué" de múltiples cosas lo cual, al tener que escoger, te facilita todo proceso decisional. Más aún, tienes una inteligencia que te da la habilidad de, no tan sólo aprender y comprender algo, sino, de que puedas eficientemente manejar todo tipo de situación con la cual tengas que lidiar, independientemente si hubo situaciones semejantes o no, almacenadas en tu banco de datos.

- Las demás especies, han demostrado tener limitaciones en su capacidad de comunicación, reduciéndose así su margen de potencial de desarrollo y desenvolvimiento.

- Más bien, sus decisiones aparentan estar basadas exclusivamente en el "instinto" y no en el razonamiento lógico o intuitivo del hombre.

- La capacidad de almacenaje y uso de información de estas especies no aparenta permitirle el tener conocimiento del "por qué" de las cosas haciendo más difícil el análisis decisional frente a las varias alternativas y situaciones presentes. El instinto prevalece, sin embargo, dado a que otras especies —como el mismo hombre— han afectado tanto el entorno de muchas, algunas se han extinguido y otras están expuestas o comenzaron un proceso en el que correrán la misma "suerte".

- Otro aspecto fundamental en lo que respecta al uso del conocimiento es la "acción".

- Existen varias alternativas como son: querer compartir el conocimiento, no querer compartirlo, o utilizar el conocimiento de manera propia, impropia o incorrecta.

- Si no apruebas el compartir tus conocimientos, estarás violando una regla básica de la naturaleza. Habiendo tenido la dicha de haber nacido con la capacidad de adquirirlo, deberás considerar en que ello tiene una responsabilidad de uso.

- Existen seres humanos altamente dotados con conocimientos e inteligencia pero que son tristemente guiados meramente por el interés de poder y la sed de reconocimiento. De todas maneras, deberás dar gracias de que aún existen seres humanos de elevados principios morales y espirituales que viven para la obra más importante del universo que es la de "servir".

- Deberás comprender que para recibir es preciso "dar" primeramente.

- Eres una criatura que ha evolucionado mucho dado que tienes la capacidad de poder pensar, decidir conscientemente y utilizar inteligentemente la información a tu alcance para tu bienestar y el de los demás.

- Te es posible "crear".

- Posees cualidades a través de las cuales te posicionas ventajosamente frente a las demás criaturas vivientes.

- Tienes múltiples mecanismos para desarrollar tus habilidades y es común el que el conocimiento que has recibido en una línea de pensamiento dado, pueda incrementarse y permitirte contribuir, en dicho campo de especialización, aumentando la capacidad de sobrevivencia tanto individual como de la colectividad.

- No olvides que todos compartimos objetivos comunes tales como el de "ser", una "razón de existir", "existir" y "coexistir" aplicando inteligentemente el conocimiento adquirido.

- Si niegas o te opones a esta realidad estás actuando contrario al obligado compromiso de responsabilidad con el universo y que, en el fondo, no comprendes que lo que no haces y te era posible hacer, va en contra, no tan sólo de ti, también de todos.

- La capacidad de discernimiento es otro de los aspectos críticos del conocimiento. Aquel que no pueda entender la "naturaleza dual" de las cosas, puede decidir en forma polarizada y desarmoniosa. Por otro lado, quién presume de la libertad y potestad de actuar como se le antoje, sin importarle el impacto negativo de sus acciones para con su prójimo, podrá ser de gran riesgo para la seguridad de todos los que estén expuestos a él.

- Recuerda que todo lo creado tiene una razón de ser, un por qué, una utilidad, un tiempo, un lugar. Todo será impactado por las circunstancias y por sobre qué o quién se aplique.

- De acuerdo a la "forma", será la "manera" y, según ésta, la "cosecha".

- Deberás actuar con humildad, sinceridad, honestidad y pureza de intención tanto como con sabiduría.

- Lo que es útil para algo, no lo será para algunas otras cosas pues, cada una tiene su grado, lugar y uso efectivo. Un medicamento aplicado, correctamente, de acuerdo a las características físicas y emocionales de una persona y el grado de su condición, puede sanar su enfermedad. De la misma manera, una dosis excesiva del mismo medicamento puede terminar con la vida de aquel que la recibe.

- El conocimiento que proviene de tu conciencia es imprescindible para sobrevivir. Te hace apto para afrontar cualquier situación y sobrellevarla con más facilidad y probabilidad de éxito. El no poseerlo te puede convertir en víctima del destino; el no utilizarlo o utilizarlo incorrectamente es despreciar la oportunidad Cósmica de mejorar tu calidad de vida y la de los demás.

- Jamás deberás olvidar que todo conocimiento recibido tendrá que ser utilizado en algún momento en su tiempo.
- No existe un conocimiento que esté demás. Nunca ha sido ni será innecesario.
- Si lo recibes y pones en práctica, este se convertirá en una vivencia y es aquí cuando realizarás e internalizarás su verdadera razón y utilidad. Esta es la clave; este es el mensaje.
- La verdadera comprensión refleja el grado y nivel de tu sabiduría, y es en honor a esta que deberán ser guiadas todas tus decisiones. A su tiempo, todos tus obstáculos te serán allanados y tus pasos a través de la vida, serán firmes y tus cosechas: buenas e ilimitadas.
- Que sea tu conciencia la fuente de comprensión y la semilla de una aplicación del conocimiento existencial y se convertirá en la llave de tu poder y el fundamento de tu sabiduría. Este te guiará por la senda de rectitud y paz, por el camino verdadero, el camino de tu realización.
- Comenzarás a ver el velo descorrerse y podrás seguir adelante.

El "fantasma"

No te sorprendas ni menos te extrañe, si al analizar tus fuentes de motivación de ser y hacer, descubres que tuviste y tienes las posibilidades de vivir una vida más placentera y productiva.

Tus pasados errores y limitaciones pudieron ser anticipados y evitados. Es aún típico que se nos educara en base de la competencia en contra del prójimo. Si ello lo entrelazamos con controles y directrices restrictivas, en cuanto a la utilización indiscriminada de datos, comportamientos falsificados y sin flexibilidad de libre selección, fueron y siguen siendo los creadores y sostenedores del tan mencionado EGO.

No es razón para justificar sentimientos de culpabilidad si no te sientes en satisfacción con lo que has vivido y logrado. Tú al igual que yo, no somos responsables de los años de influencias externas ni de la alimentación e inducción de pensamientos, ideas, conceptos y todo tipo de información que moldearon nuestros fundamentos presentes de ser y hacer desde niños. Fue dicha programación inducida la que sí tuvo y tiene que ver con tu situación, pero ello no es totalmente representativo de lo que eres, lo que puedes llegar a hacer y lo que eres realmente como ser humano y lo que serás de ahora en adelante.

Normalmente reaccionas ante cualquier situación y circunstancias, utilizando automáticamente los datos producto de dicho condicionamiento. Te convertiste y has sido utilizado como un instrumento para hacer lo que el sistema consideró tu misión. Una personalidad creada y controlada. Dado que así el medio espera que seamos, si obramos en conformidad, ello es entonces aceptado y tomado favorablemente facilitando el que los más competentes sean seleccionados o ganen privilegios y oportunidades por su proceder. Queda de cada cual, tú, por ejemplo, si te interesare un cambio y mejorar tu estilo y calidad de vida, como ayudar a otros.

Esta es una breve sinopsis del modo desarrollado y establecido, para garantizar tu bienestar individual y familiar, dentro de una sociedad tradicional. Por ello, no considero dicho sistema sea ni bueno ni malo. Sin embargo, existen ciertas vertientes que te convendría considerar para mejorar, tanto tú como individuo como tu influencia sobre la colectividad, lo cual permitirá también mejorar el sistema establecido, de manera evolutiva y positiva. Todo como un requisito implícito a la par que las necesidades de cambio y ajuste sean requeridas.

Tal es la realidad que, de manera virtualmente oculta, se te obliga acceder en todo momento con tu justificación y aceptación, para satisfacer los términos y condiciones del sistema socio-cultural al que perteneces. Esto conlleva el riesgo de crearte conflictos internos que bloquearán tu mente privándote del que alcances posibilidades nuevas y mejores. Pudiera no permitirte romper cadenas y desenvolverte correctamente para posicionarte y lograr dichas metas y propósitos. Podrías desperdiciar la oportunidad de poder convertirse, tu hoy, en un mejor presente y lo restante de tu vida. ¿Qué mejor que ir y ser y hacer, lo que quisieras, sin ser considerado contrario a ningún sistema y dar lo mejor de ti y disfrutarlo y que otros también por ello beneficiarse pudieran?

La problemática surge en la perspectiva de que, para un sistema (gobierno, lo económico, educacional...) ser continuamente efectivo según surjan las necesidades, el ser humano individual juega un papel crítico como elemento de cambio que como mero seguidor inerte de lo establecido.

Primero comprende que eres una creación de un sistema social, religioso, político y económico, estructurado y en función para velar que las metas de cada nación puedan lograrse de acuerdo a sus mejores intereses según definidos y que nos condicionó programándonos en nuestras creencias, el qué cosas son correctas y cuáles no, para poder canalizar la garantía de que dichas metas fueran posibles.

Segundo, no es necesario limitar tu campo de acción y apoyo de un sistema, si reconoces ser capaz de lograr mejores y mayores contribuciones y satisfacciones por medio de liberar tus capacidades innatas que solo tú conoces y evaluar puedes.

Tercero, habrás de comenzar siendo sincero/a contigo y decidir atreverte a buscar dirección decisional dentro de ti, lo cual va más allá de los limitados y errados conceptos sembrados del exterior. Procederás, debes, a validar todas tus concepciones y decisiones dentro de una mente libre de Ego y llena de consciencia.

Somos muchos a los que se nos educó para competir como si nuestro prójimo no tuviera importancia alguna. Lo correcto hubiese sido orientar la atención y los esfuerzos de nuestras acciones hacia la superación individual sin desmerecer a nadie.

Nuestra motivación debió ser el querer superarnos compartiendo con nuestro prójimo lo mejor de cada cual para así crecer juntos.

La razón fundamental de desvío corresponde a la profunda influencia (mayormente impartida e impuesta) por sistemas de enseñanza lamentablemente arcaicos que no se ajustaron a las verdaderas necesidades de cada generación, pero a satisfacer los caprichos e intereses de líderes egocéntricos. Tradicionalmente se ha alimentado el "fantasma del ego de la superioridad, del control y poder". Entiéndase por "ego" todos aquellos elementos de identificación que se ganan, que se nos han impartido o tomado por un ser humano para establecer una imagen (identidad) en relación de poder, competitividad o superioridad, distante de las cualidades y atributos asignables a una consciencia pura, y de elevados valores morales, espirituales fundamentados en el conocimiento de la Verdad.

Este concepto se ha nutrido por la sed de alcanzar el éxito basado en la ilusa prioridad de sentirse grande y admirado y, con ello sentirse en control de lo que te rodea; del éxtasis de tu embriagante matrimonio con la lujuria de la ilusión en que vives, ante la cual te mantienes insaciablemente sediento/a del alcohol de fantasía en que te consumes.

Se ha tratado de saciar dicha sed promoviendo, casi imperceptiblemente, el uso de todo aquello que se te ocurra y tengas a tu alcance, para lograr tus metas, independientemente si afectas adversamente a alguien o cosa alguna.

Quizás puedas inferir cómo tal actitud te ha hecho perder la perspectiva de que el valor de una meta, dependerá de la cualidad, intención y fruto de cada acción tanto a través del proceso de obtener lo deseado, como por los resultados o efectos derivados al conseguirlo, más, que por la meta misma.

No es necesario recordarte de que no son pocos, los que nunca están satisfechos de sus logros. Sus egos son insaciables, quizás porque nunca supieron lo que querían en primera instancia. Siempre quieren más, sin importar a qué costo, y esto es arrogancia y falta de humildad. La aspiración a la grandeza por imagen o ansias de poder, es un estado polarizado que conduce a competir como si fuéramos rivales o enemigos. No deberás olvidar jamás que realmente somos: hermanos y esto es un Don Divino.

El ser humano ha demostrado una tendencia de presumir de su ilimitado potencial de capacidades físicas e intelectuales. Se esfuerza por desarrollarlas al máximo, pero dejando a un lado, el sentido compasivo proveniente de su espíritu, cualidad sin la cual las semillas de la felicidad no podrían jamás germinar. Por consecuencia, ha sido el hombre mismo la razón y el fin a quién reclamar responsabilidad por la creación de un caudal de problemas provenientes de su pervertido y confundido afán de poder y control; por consiguiente, el único responsable de su sufrimiento.

El afán no se origina en la naturaleza real del hombre sino, de los intereses creados por mentalidades que se aferran al limitado campo de lo físico y material. Son estos los que se fascinan con las fantasías que sus ilusiones crean. Confunden la realidad y verdadera razón de las cosas. Dan tumbos con cada paso, para luego sucumbir en el fango de sus auto-creadas fosas. Estos estados mentales son típicamente infundidos de una mente a la otra, propagándose y creciendo en poder de acción a través de los tiempos. Así arrastran con ellos a la humanidad, hacia un inevitable punto de no retorno, al holocausto total si no hacemos, ahora, algo para evitarlo.

A través de la historia hemos tenido una infinidad de personas que han demostrado a la saciedad, la veracidad del ilimitado potencial del hombre para manifestarse en todas las facetas de sus posibilidades. Sin embargo, no resulta aceptable el que, para obtener algo en la vida, deba de crearse una atmósfera de conflicto y, por ende, fricción con nuestro prójimo. Tampoco es justo ni responsable que se le arrebate o prive de algo a alguien por razón de ser deseado por otro.

La naturaleza es ilimitada en todas sus manifestaciones y ha dado testimonio de proveer en abundancia sin acepción de personas. Sólo se requiere conocer la manera correcta en la cual es posible interaccionar armoniosamente con la misma, siendo la pureza de intención, la clave, para así recibir de ésta sus bendiciones. Sólo así podrás disfrutarlas indefinidamente.

No debes olvidar ni sentirte desilusionado por otros, que no son fieles a los más elevados principios humanos y divinos, que se han allegado riquezas, quizás, al precio del dolor, miseria y hasta la sangre de su prójimo. No desesperes ni te desanimes. La Justicia Divina, a su tiempo, cobrará el precio correspondiente a aquellos y dará su recompensa a los que por méritos y justicia la han logrado y merecen.

Puedes y tienes la responsabilidad de posicionarte y contribuir con el proceso de ajuste y transformación del mundo, comenzando contigo primeramente. Así, tú, yo y cada cual, podremos alcanzar el nivel de ser que nuestra común naturaleza espiritual nos permite. Podrás llegar a ser fuente, causa y contribuir, en la medida de la responsabilidad y compromiso que asumas, a que nuestro mundo —tu mundo— se vaya convirtiendo, gradualmente, en aquel paraíso que todos alguna vez soñamos.

El ego es un fantasma que actúa oculto y solo se reconoce por sus nocivos efectos. Sin embargo, al tú reconocer los mismos y acceder a echarlos de ti, tu verdadera naturaleza aflorará y este desaparecerá como si hubiese sido una pesadilla, que al despertar no es ya más.

Velos...

Oculto tras los velos en la realidad aparente tu ser, yace en silente espera, tal cual prístino sol anhelante y para colmarte de bendiciones, la radiante luz de tu esencia verdadera.

Ha sido tu generalizado proceder, guiar tus pasos y acciones por senderos errados, mientras tu mente ignorante, jadea en continuo desespero, convirtiendo tus preciadas esperanzas en aletargados suspiros de añoranza.

¿Cuál es el mayor de tus velos sino el creer que eres un ser independiente de todo lo que te rodea?

¿Acaso tu "cuerpo" ha sido creado con elementos fuera de la naturaleza en la cual vives? Considerarte ha sido tu actitud el exigir derechos y privilegios como quién pagó el precio para reclamarlos. También como conteniendo los conocimientos y autoridad para reclamar, sabiendo no tener los méritos ni la comprensión ni la aceptación; de negar tu naturaleza espiritual que te une a todo.

¿Es la "fuente" de la cual provienes distinta de la que facilitó el surgimiento, creación y sostén de todas las manifestaciones en este universo finito, pero en expansión? ¿Puede existir "algo" fuera de la Inteligencia Suprema o estar fuera, Ésta, de nosotros?

Ya es hora de que frenes tu ignorante divagar e improvisación y decidas por reconocer tu ser en su perspectiva real y verdadera. Deberás facilitar que tus pensamientos y actitudes logren saciarse del estado de éxtasis más elevado que te es posible, dentro de tu naturaleza humana que eres: la "humildad", y es ésta la que te permitirá reconocer esa luz interior que solo espera tu permiso para irradiar, luego de que comprendas y aceptes, que eres uno con todo y parte integral de una Totalidad.

¿Quieres ser grande y poderoso/a, el/la mejor de todos/as? Recuerda que el mayor de todos es "aquel que da". Este es tu segundo velo, el que no te permite reconocer el "servicio" como una cualidad natural inherente en ti, como fuente de la capacidad de máxima acción y de logro para tus posibilidades.

El Maestro: Jesús el Cristo, fue uno de los que enfatizaron que la labor de mayor prioridad e importancia es el servir.

Es aquí donde está la posibilidad de tu grandeza la cual es ajena al que pide pues, reside sólo en el que da. Reconoce el servicio como un atributo altamente bendecido por la Divinidad. Procura sea entonces tu prioridad en conformidad, y la aceptación de tu responsabilidad apreciar, respetar y preservar todo lo creado, incluyendo a tu prójimo sin descuidarte de ti. ¿Qué otra prioridad pudiera tener mayor relevancia?

Observa de qué estás hecho/a. El cuerpo a través del cual te manifiestas en el plano físico no es sino un agregado de elementos (órganos), combinados funcional, proporcional y armoniosamente, estableciéndose un equilibrio atómico que te sirve como "forma" de expresión en múltiples maneras.

Quizás en tus primeras enseñanzas se te educó para creer que eres exclusivamente tu cuerpo, y que las cosas son tal y como tus sentidos físicos te hacen creer. Hoy sabes que ello no es así en todas las perspectivas. Podrías considerar esto como un tercer velo. Ya la ciencia ha demostrado que todo esto fue el producto de un nivel de conocimiento de una época pasada, para un tiempo y unas circunstancias que de continuo cambian. Ese pasado ya no es.

Ya no es necesario que continúes viviendo en confusión. Date la oportunidad de intentar otras consideraciones y tratar ir más allá y expandir tus presentes y limitados conocimientos. Como parte de tu proceso de expansión permite guiarte poniendo en práctica, cuando ello no conlleve riesgos, experimentar lo aprendido pues ello te proveerá una certeza no limitada a creencia sino a un hecho comprobado, una vivencia y así asumirá valor real. A esto se le llama haber tenido una comprensión existencial, la cual te conducirá al despertar de tu consciencia.

Sí, cobrarás consciencia verdadera y percibirás la Verdad en su forma pura y exacta. No sabrás superficialmente, llenándote de las palabras o conocimiento expresado por otros; llegarás al plano y nivel donde "sabrás" al convertirte en uno contigo mismo/a. Sólo así podrás romper los velos mencionados y los que pudieran estar aún ocultos y comenzar a ver con claridad y actuar correctamente.

Elimina el ruido de tu mente dejando atrás los viejos conceptos. Por ejemplo, aquellos que te han hecho creer eres el centro del universo, partiendo exclusivamente de tu limitada naturaleza humana y relegando a un segundo plano tu naturaleza verdadera espiritual. Tales conceptos ya no te sirven y por ello te sugiero actúes en consciencia y armonía con lo que te dictan tus más puros sentimientos. Decide romper tu apego con todo aquello que reconoces te ha limitado y evitado que pudieras disfrutar la plenitud de la vida y todo lo que ésta tiene a tu disposición y que pudieras compartir tan bellas y grandes cosas que tienes a tu disposición para compartir.

Despierta y comienza a redefinir tu destino viviendo inmerso en tu consciencia. Esta te permitirá la correcta percepción de tu Divinidad para comprender y decidir correctamente. Borra todo aquello que en ti identifiques como fuente de tristeza, miedo, desesperación, e inseguridad y que te han esclavizado por tanto tiempo. Tales pensamientos, ideas, conceptos o eventos, son cosas que te ocurren u ocurrieron a ti, pero no son, ni eres tú y sólo te influencian si accedes a estos. Si consideras que su fruto es desarmonía, reconocerás con ello que no vale la pena aferrarte a los mismos por más tiempo. Esta es una de las más grandes enseñanzas de aquellos maestros que nos precedieron y dieron testimonio en conformidad.

El estado natural del ser humano está fundamentado en la paz espiritual, especialmente frente a la situación de verte precisado/a a encarar la adversidad o cuando quedas en exposición a las dificultades. En ese mismo instante, tienes la oportunidad de demostrarte lo maravilloso que eres al dejarte guiar por tu esencia Divina. Solo hay un resultado inevitable de ganar la confianza que te convencerá de que esto es así. Date la oportunidad y compruébalo por ti mismo/a.

Alcanzarás un estado interior de paz y seguridad, en el cual no sentirás ninguna preocupación, tal y como si no tuvieras mente o si no te importaran los problemas que te aquejan, pero no los evadirás como si huyeras de ellos. No te preocupes ni albergues, ni por un instante, sentido alguno de inquietudes, y menos de culpabilidad. Así como surjan las cosas que te aquejen, a través de tu consciencia las disolverás concibiendo y aplicando soluciones acertadas y efectivas.

Recuerda que tu estado natural es la perfección, lleno de paz y quietud total. Has que tu atención sea desde el centro de tu ser. Si no te relocalizas en tu centro, en tu conciencia espiritual, y te aquietas, tus esfuerzos sólo complicarán tus circunstancias y tu condición empeorará.

Deberás apartarte dentro, bien dentro de ti hasta que tu identificación que consideras que contigo mismo eres, desaparece.

Al perder esa consciencia de ti mismo, habrás alcanzado tu centro y tu unidad con la existencia será total. No habrá divisiones ni identificaciones.

Comprenderás que eres parte de todo y todo es parte de ti... y, quizás suceda aquello que no debes esperar que ocurra pues si habrá de manifestarse, solo puede ocurrir porque te corresponde por derecho al entrar en comunión con tu Divina esencia, como una consecuencia inevitable satisfaciendo así todas tus necesidades.

Recuerda que toda adversidad es producto de una concepción errónea y por consiguiente, fruto de una fuente de datos afín. Sin embargo, ya todo eso es pasado y no puedes volver atrás para evitar que ocurra, ya ocurrió. Sólo te resta cancelar su impacto y potencial en este momento, el cual es tu presente y lo que sentará las bases que se convertirán en el llamado futuro que realmente será tu nuevo presente.

Cuando desestimes y liberes la carga de cada condición que te aqueja, podrás llegar a sentir un estado de desapego que te permitirá comenzar a tener la sensación de poder mirar cada una de las condiciones como un observador externo tal como si no fueras parte del problema.

Tu mente será más receptiva pues no será influenciada por tu Ego, sino inspirada por tu consciencia plena. Podrás recibir de tu interior, la solución que mejor se ajuste a tu necesidad individual y su cosecha te bendecirá con buen fruto, mejor que el que hubieras obtenido de mantenerte envuelto/a y ahogado en tus lamentaciones. Reconoce tu naturaleza y se humilde. Esto te hará grande. Deja de presumir lo que no eres, pues lo que eres es más poderoso y capaz de lo que quieres forzar. Date la oportunidad, rompe tus velos y,... se feliz.

Origen de los conflictos...

Cansado/a y agotado/a por el desmedido afán que dispersa tus energías en extenuantes desvelos, así perpetúas tu infructuosa procesión de vida, en una fútil búsqueda de lo que lo que estimaste correcto hacer.

Demás decir que el ser humano ha alterado el estado natural del planeta. Si la tierra no hubiera sido influenciada y modificada en contra de dicho estado natural, sería un paraíso. Esto refleja lo crítico de nuestra condición mental- en función del fruto de nuestros actos-en favor o en contra de nuestro entorno y lo en éste contenido. Así hemos y continuamos impactando nuestra fuente de vida terrenal como también a nuestro prójimo y a nosotros mismos.

Todo esto tiene un origen común: la MENTE DUBITATIVA como el elemento contribuidor y origen, de la mayoría de los conflictos que nos aquejan. Todo el plano físico está sujeto a la dualidad: el día y la noche, lo alto y lo bajo, lo bueno y lo malo, lo dulce y lo amargo, el amor y el odio, la alegría y la tristeza, el tener y el no tener...y así la lista continúa sin terminar. Es de esperar que los estados de duda, sean parte de los elementos críticos que impactan nuestras decisiones porque su existencia es una consecuencia real de la dualidad y, por consiguiente, nuestra calidad y estilo de vida es afectada por este elemento. Nuestros logros y pérdidas dependerán, en gran manera, de si logramos acertar o no al tomar decisiones, según corresponda a nuestras circunstancias, intenciones y necesidades.

Estamos sujetos, continuamente, a escoger entre una u otra alternativa. El fruto de nuestros procesos decisionales es directamente proporcional a la exactitud y precisión de nuestras decisiones.

Sin embargo, la dualidad, tiene una aplicabilidad práctica y no existe necesariamente en contra ni con intención de crear confusión, sino expandir tus posibilidades proveyendo un marco de visión más amplio. La duda expresa la obligada necesidad de considerar todos los aspectos relevantes de cualquier análisis y con ello acercarnos a la solución que mejor cumpla con nuestros requisitos.

En otras palabras, a través de la duda se nos encamina hacia el ir más allá de la mente y alcanzar la conciencia. Ésta, cuando lograr accedas sincronizarte, te facilitará escoger o definir la decisión correcta.

La misma naturaleza, a través de sus leyes y procesos, hubiera preservado el estado prístino del planeta independientemente de su tiempo de existencia. Sólo es necesario observar el contraste existente entre los bosques, montañas, los valles, los ríos y lagos, las playas, los campos, en fin, cualquier lugar que el ser humano no ha desplegado su mano de poder sobre estos, para comprender el daño provocado en la mayoría restante sujeta a su acción.

De manera análoga puedes considerar el estado de consciencia de tu ser con semejanza a la consciencia Divina que en ti mora, existiendo previamente a la utilización de tu mente. Tu mente se separó funcionalmente de tu conciencia y comenzó, desde antes de tu nacimiento a la absorción de datos, de todo tipo de información y la procesó tanto como la almacenó en tus bancos de memoria. Lamentablemente, sin ser totalmente validada y almacenada como correspondería. Al momento de procesar una situación, circunstancia, datos, etc., la mente es quien inicia y se envuelve. Las emociones contenidas tanto en los datos en memoria como las directamente presentes en el asunto mientras evaluado, contribuirán a modificar la naturaleza y certeza de tus decisiones.

Reconozco y acepto las obligadas justificaciones para hacer modificaciones a nuestro hábitat terreno conducentes a facilitar y garantizar nuestra supervivencia y mejorar la calidad de vida de todos. Opino descuidamos el aspecto "cómo", pues la tierra ha dado respuestas contundentes de estar en desacuerdo con el fruto de nuestra intervención, cuando ella solo fue dispuesta para servirnos y nosotros la dañamos. La hemos sometido y esclavizado ante nuestros caprichos y su malestar no nos es oculto.

Tan pronto la mente dubitativa se activa, no es extraño comenzar a experimentar cierto grado de inseguridad e inestabilidad emocional. Se ha iniciado un proceso decisional, una búsqueda de respuesta y te enfrentas a una variable de incertidumbre, de si la decisión final escogida producirá los efectos esperados. Recuerda que es la mente nuestro medio de procesamiento inicial.

Considero que este proceso tiene una alternativa de ser complementado al permitir acceso a tu consciencia y con ello incrementar la probabilidad de lograr tus objetivos y mejorar tu posibilidad para preservar la salud mental y poder vivir en plenitud, paz y felicidad.

No todos hemos sido capacitados para manejar nuestro mecanismo de procesamiento de datos ni sabemos todas las técnicas de control, para aplicar, cuando somos impactados por estímulos que afectan nuestra estabilidad emocional. Cuando estas condiciones coinciden, es probable que erremos en nuestras decisiones, por fallar en manejo de la situación como considerada por ignorancia.

De las opciones principales para mejorar nuestros aciertos decisionales, puedo recomendarte un ejercicio antiguo de meditación que se asocia a la frase "no-mente". Es tal cual si no pensaras en nada. Sólo habrás de hacerlo cuando te veas precisado a ello. Mantente, inicialmente, vacío/a de consideraciones y máxime cuando lo considerado y la data disponible para analizar y procesar, carezcan de valor confirmado pero con origen especulativo. Se enfatiza el estado cuando los datos a procesar pudieran haber sido influenciados por el resultado de eventos del pasado o presente, no relevantes ni correctos ni aplicables o provenientes de temores injustificados que nos llevaron o aún llevan, a niveles emocionalmente inestables al pensar en estos. La trampa es que tú no necesariamente sabrás todo lo que una validación pudiera proveer. Tendrás que despertar a una sensibilidad espiritual que te proveerá las señales que te sugerirán el pasar al estado superior de conciencia.

Cualquier procesamiento bajo condiciones emocionales y de no validación, recuerda, provocará resultados erróneos y sus efectos serán contraproducentes para todos los directa o indirectamente implicados. Aplica el estado de "no-mente" requerido reconociendo que la sola participación de la mente no ayudará a lograr decisiones correctas. Deberías alcanzar dicho nivel de ser como tu nivel natural.

Podemos resumir que el origen de nuestros conflictos puede asociarse con procedencia en tres posibles fuentes en interdependencia: la mente, el medio ambiente y el espíritu.

Una, el espíritu, te conduce por la senda verdadera; dos te desvían: la mente y tu ambiente el cual incluye todo lo "externo" a tu cuerpo físico y tu mundo emocional y sentimental. Estas dos te precipitan inevitablemente al sufrimiento, en la periferia de tus posibilidades si no logras frenarlas y canalizarlas cuando tratan de intervenir en tus procesos decisionales. Tienden al que te ahogues en un lúgubre lago de continua confusión, desesperación y, por ende, en tristeza e infelicidad. Te habrán de cubrir sutilmente con insatisfacción, cual imperecedero martirio, mientras gradualmente pierdes consciencia de la fuente que, por su esencia dirigirte pudiera, por medio de la luz a la verdadera vereda a la cual no conoces o le has dado la espalda.

Cierto es que tu medio mental también te facilita el que puedas alcanzar y llegar a tener conocimiento de todo lo que te rodea. Así observarás en la perspectiva física el ambiente que continuamente te bombardea con vibraciones, muchas de las cuales te son nocivas. Eres también capaz de percibir lo que en tu interior vehemente por ti espera. Sin embargo, tu mente, guiada por tu egocéntrica naturaleza, enfoca desesperadamente y polarizando tu atención, la vierte en las afueras de tu consciencia sin querer alcanzarla.

Eventualmente, en vez de profundizar al centro de tu verdadera esencia, te confunde y precipita en el interminable mundo de las interpretaciones, errando continuamente en tus decisiones y, quizás por siempre, errando el centro de tu existencia. He aquí el gran riesgo.

Vives, entonces, en un eterno divagar, harto de interminables preguntas, preguntas sin sentido y que jamás respuestas tendrán, cuyos frutos se convierten en forasteros ajenos, convirtiendo tus mejores anhelos, en inalcanzables peregrinos en huida. Viajas continuamente asentado en la periferia de un círculo en continua expansión, alejándote inevitablemente de su centro vertiginosamente, y alejándote del verdadero centro que conduce a la Verdad Absoluta.

Así es como la mente, cual engañosa víbora que con sus desgarrantes colmillos te inyecta su mortal veneno robándote la vida de esta existencia, así y con igual atención, valor, determinación y compromiso, deberás frenar la influencia de tal despreciable depredador.

Enfoca en tu consciencia y tu mente se aquietará para que logres alcanzar la percepción del verdadero discernimiento, el cual es sólo posible cuando hagas de tu Espíritu tu verdadero y único aposento. Sólo así tus conflictos podrán ser allanados y disueltos y podrás actuar desde la presencia Divina de la Inteligencia Suprema en ti. Percibe las señales de tu mente dubitativa y reconoce tu obligada necesidad de establecer conexión perfecta y permanente con la presencia de Dios en ti.

Parte de todo...

Tu "conciencia interna" es lo único que eres y te pertenece; aquello que eres, lo que puedes decir "soy", tu identidad espiritual; la verdadera fuente a la que debes aspirar y engendrar tus pensamientos, tus sentimientos y todo tipo de emoción y actitudes. Donde reside la sabiduría e inteligencia. También existe "él" que aprende u olvida, quien decide, quien dirige, quien hace o decide no hacer...tu ego el cual atado está a tu mente y donde ocurre el proceso de memorizar y razonar.

Hay una porción de ti que asume responsabilidad de tus actos y que te puede facilitar el complementar la vida de tus semejantes. No lo que se considera ser "tú", tu exterior como ser humano sino, lo que eres en tu interior... ¿alma? Cómo llamarte lo dejo a tu discreción.

Lo importante es no perder de perspectiva los elementos que te proveen claridad de lo que eres.

Trata de comprender que, a excepción de ti mismo, nada externo es ni será de tu absoluta propiedad en forma alguna. Tampoco tu cuerpo te pertenece.

Tu conciencia interna se expresa a través del cuerpo físico, así como una especie de cobertura de la realidad sustancial oculta detrás de todo lo visible e invisible.

Tu naturaleza está constituida por aquello que le da vida y razón de ser a tu expresión externa física. Ese algo, también sostiene todas las infinitas formas manifestadas en la Totalidad del Cosmos en todos los planos y niveles de la existencia.

Eres parte de una porción indivisible del Espíritu de la Creación; como unidad integrada y con apariencia. En realidad virtual de multiplicidad e individualidad en todas las manifestaciones.

No deberás albergar la idea ni la esperanza de que eres o serás dueño de algo y, mucho menos, de alguien, si reconoces que eres parte de Todo.

Quien ha alcanzado acumular grandes riquezas, tiene solo el derecho de administrarlas mientras su capacidad humana se lo permita. No debes de olvidar que cuando el fin de tus días se haga presente, "solo tú te irás contigo", por lo cual debes comprender que nadie más te acompañará ni nada externo a ti llevarte podrás. Nada más te acompañará pues solo lo que te pertenece te será concedido llevar, a ti mismo/a.

Muchos son los que han sometido millones de personas por pensar que son sus dueños y con derecho a controlar sus vidas. Esto surge de una actitud basada en intereses creados, aplicación de conocimientos transformados con fines egoístas y poder adquirido, justificando sus acciones con la presunción de derecho a ello.

Otros tantos y en la misma línea de pensamiento, gracias al haber alcanzado afluencia económica, grandes riquezas económicas y poder material, se creen dueños de la humanidad. Estos últimos tienden a buscar satisfacer sus ansias de alcanzar mayores riquezas, utilizando también al prójimo, para provecho propio, sin mediar los efectos negativos en contra de estos, sus semejantes, olvidando que las Leyes de la Naturaleza siempre e inevitablemente, exigirán una retribución.

Estos son dos velos de ignorancia producidos en mentes opacadas por la ignorancia misma y la ausencia de participación de la consciencia interna en los procesos de toma de decisiones y selección de cursos de acción.

La realidad es que hemos creado un mundo de circunstancias contrario a la naturaleza y voluntad de la vida misma. De ahí, la única consecuencia lógica de la siempre actual y desbordante cosecha lo son: desilusión, confusión, depresión, enfermedad y muerte, que se manifiestan continuamente como voraces epidemias.

Me inquieta, en lo sumo, la presunción de que se actúe como si alguien tuviera sobre los demás el comportarse como quien cree ser, en derecho de definir, controlar y decidir lo que los que nos rodean tengan que hacer con sus vidas individuales según su libre albedrío individualmente les permite por derecho natural. Esto no es que estamos sobre protegiéndolos, lo llamo vanidad, o celos. Anhelan e intentan someter a todo el que está a su alcance y convertirlos en siervos, en contra de la voluntad de estos.

Un ejemplo común, es el de una pareja, dos seres que se han unido por la atracción del amor. ¿Qué ha demostrado la historia ser el elemento que destruye dichas hermosas relaciones iniciales?

Muchos no comprendemos que somos influenciados de múltiples maneras. Éstas provienen de muchas fuentes diferentes. No es extraño constatar cómo dichas influencias, tienden a someter nuestras mejores intenciones y nos transformamos en seres egoístas. Pueden ser celos, desconfianza en la fidelidad de nuestra pareja, entre otras, que nos transforman en una persona muy diferente a lo que originalmente fuimos. De ahí las discusiones, peleas psicológicas y hasta la tan rampante violencia doméstica que ha costado tantas vidas inocentes.

No deberás creerte dueño de nada ni de nadie y respetarás la libertad individual tal y como reclamas se respete la tuya.

El amor verdadero es un estado de afinidad que abarca todo tu ser; que surge y manifiesta espontáneamente desde lo más profundo e íntimo de ti. Establece la posibilidad de compatibilidad e integración que deberá complementarse entre los miembros de la pareja sin forzarse con razonable rango de flexibilidad y tolerancia.

Reconoces este estado por la gran felicidad y paz interior que produce tan solo pensar en dicha persona. Esa felicidad no tiene realmente comparación, pues fuiste diseñado a compartir de esa manera por toda tu vida. La misma naturaleza lo afirma en ti y en tu complemento.

La misma naturaleza, si eres perceptivo, te indicará cómo reconocer quién puede llegar a ser tu pareja idónea. Sin embargo, cuando la encuentres, sabe que no es de tu propiedad y de que, si es tu verdadero complemento, no deberás dudar jamás de su lealtad pues no te fallará. En el verdadero amor no existen divisiones. Un "amor dividido", implica un deseo sin satisfacer, pero no verdadero amor.

También existe un elemento de gran peligro en las relaciones entre parejas y nuestra relación con ciertas cosas. Su fruto es totalmente aberrante en sus efectos. Es un gran agente activador de actitudes que motivan la posesión: los apegos.

Si tu relación no progresa armoniosamente, es muy probable que lo más conveniente si no se lograse la reconciliación, sea el separarse racionalmente.

La razón no siempre puede explicar por qué lo que comenzó tan hermoso, pueda convertirse en una horrible maraña de dolores y angustias. Se alcanza vivir en un infierno, en el cual pensar en tu pareja puede desencadenar emociones hostiles.

Si los intentos de reconciliación resultan fallidos, la separación inmediata es mi recomendación, dado que, si un lado de la relación está sufriendo de celos irracionales y sentido de dominio y control aberrantes, tarde o temprano, una sorpresiva acción terminal sea su próximo acto.

Existen personas cuya convicción de que algo les pertenece, no da cabida a perderlo y pueden llegar a actuar hasta destruir la vida de personas, por no aceptar dicha realidad. Quizás no cultivaron el respeto al libre albedrío, ni al hecho de que en un mundo de cambio continuo, hasta el plano afectivo del ayer, pueda ser diferente hoy por razones impredecibles. Se refleja en ocasiones claramente que las partes agresivas se sienten heridas en su ego, el cual no mediará alternativas de desquite para compensar su situación y sentir, a través de ello satisfacción compensatoria y justificar su "aparente" estado de víctima.

En ocasiones, serás tú quién provoque reacciones no aceptables en tu pareja. Tu propio nivel de confianza en ti, será reflejado en cómo la tratas. Si desconfías de ti, comenzarás tarde o temprano a desconfiar de tu pareja, y aunque esta te ame, provocarás que su amor hacia ti se marchite. Te convertirás en un ser posesivo y antagónico, sin reconocer que estás desbordando sobre la misma, tu propia inseguridad de ser, que te llevará a consecuencias negativas por vivir inconscientemente.

Deberás olvidarte de ti mismo, para que puedas siempre encontrarte como un ser hermoso lleno de amor y bondad y no un ser posesivo y en contra de todo y todos. Deberás dejar de pensar en ti mismo/a como el centro de todo, como individualidad y con derechos exclusivos, creyendo que todo tiene que ser como quieres.

Respeta y permite la oportunidad a los demás de ejercer su derecho propio de vivir, y tu vida se llenará de armonía; permítele el derecho que reclamas para ti y recuerda: "eres parte de todo y dueño de nada."

Sobre tus intenciones ocultas...

Tienes la libertad para decidir y seleccionar aquellas cosas que quieres lograr y ver manifestadas en el transcurso de ésta, tu vida presente.

No deberás darte permiso para tomar ventaja o abusar de las debilidades o impedimentos, y menos, de posibles vulnerabilidades que hayas visto en tu prójimo. Con ello crearás por seguro, deudas por las cuales tendrás que aceptar responsabilidad y juicio, no tan solo en el plano físico.

Tampoco te es propio justificar como causal de proceder tales aparentes oportunidades, con el simple objetivo de satisfacer tus incontables, desmedidos e insaciables deseos o intereses personales, de ser éste el móvil cuando tu ego asume el control de tu vida y decisiones.

Primeramente, tu atención deberá estar dirigida a escuchar la voz de la prudencia y la cordura que como un eco en lo profundo de tu consciencia, trata de abrirse paso a través de tu mente para guiar tu proceder en luz de la Justicia y el Amor.

Cuídate, si estás en crasa desarmonía contigo mismo/a, para no convertirte en víctima en la prisión del engaño de tus propias y creadas irracionales o aberrantes intenciones ocultas. Asegúrate de que tu motivación no sea por la mera búsqueda del poder y el control, bajo el manto justificado en la inspiración egocéntrica.

Ceder ante un marco de intención semejante, es convertirte en un sigiloso depredador. También podrías convertirte tal cual torrencial lluvia que sin piedad inunda todo lo que toca en su imparable fluir; donde allí todo es arrastrado y destruido sin mediar, todo a su paso. No es agradable ni siquiera la mención de tales intenciones ocultas.

Si en ello te conviertes, tu vida se llenará con semejanza a un hediondo fruto saturado de escombros, como resultante del justo pago divino. La sabiduría superior, a quién engañar jamás podrás, y de la cual no podrás sus juicios esquivar, te requerirá la debida paga, según corresponda, en su justo momento y manera.

De cierto que nada agradable será pues, en dicha etapa, para cancelar causas, habrá la justicia el requerirte, al menos, duplicar en tu experiencia los mismos efectos que provocaste en tus víctimas.

Si tomas ventaja y abusas de las debilidades aparentes de tu prójimo, habrás con ello faltado al respeto que te corresponde rendir ante la Divinidad. Esto, consecuencia es por haberte polarizado a las exclusivas energías del plano físico sin equilibrar como corresponde con la intangible presencia de tu complemento espiritual. Aunque no puedas percibirlo directamente con tus sentidos físicos, este está presente en tu propia naturaleza y de igual manera contenido en quién víctima convertiste.

Es posible que tu astucia sea tal que puedas engañarme. Así podrías traicionar mi confianza en ti, sin darme cuenta y haciéndome creer tu mentira, cuando te deposité una confianza que no merecías. Pero, te aconsejo que trates de comprender, que ni tus más íntimas, profundas y ocultas acciones, pensamientos, sentimientos e intenciones, quedan jamás ocultos ante la justicia Divina, sean cuales fuesen tus intenciones ocultas.

La Justicia mora en tu propio ser y no en un distante cielo con un Ser Divino dictando juicio por cada cosa que concibes, coordinas y haces.

Sus decisiones, las de la Justicia Divina, tanto las bendiciones como las acciones disciplinarias a la que seas sometido, de tu interior aflorarán y por sus frutos, serás abiertamente conocido/a por fuera, del cómo por dentro realmente eres.

¿Cuándo comprenderás que si tu proceder es incorrecto, a nadie podrás engañar porque tarde o temprano, y siempre en el correcto momento y situación, tu máscara se desprenderá de tu rostro?

No persistas en continuar siendo hijo o hija de la ignorancia, y menos, aposento de iniquidad. Quien te engendró, para bien de todo y de todos te engendró. Tampoco podrás ocultarte de Éste ni evitar su Justicia.

Tú hora ha llegado en que debes reconocer que has estado enfrascándote en una búsqueda ciega, de un curso sin curso, de un sendero sin el "preciado" destino; siguiendo sendas oscuras en un laberinto en donde sólo se destaca tu impotencia, tus erradas concepciones en tus fallidos intentos que interrumpen tu progreso y felicidad.

Debes regresar a tu honestidad y sinceridad contigo mismo/a. Tendrás que recuperarlas. Aquellas con la que se te dotó al nacer y a las que rechazaste para entrar en accidentada y fallida aventura.

Tu alegría o tristeza, tu opulencia o tu carencia, tu salud o enfermedad, todo ha sido el fruto de tus decisiones. Siendo así, te implicas en que todo es de tu sola responsabilidad y a nadie por ello deberás reclamar. En un momento dado, elegiste tal o cual manera de obrar, pero lamentablemente, en muchas ocasiones decidiste incorrectamente al negar escoger la opción que te convenía y rechazaste voluntariamente por consentimiento propio y conocimiento, no por o con ignorancia.

De ahí en adelante, comenzaste a contaminarlo todo y todo se volvió en tu contra. Trata de recordar y podrás confirmarlo.

Ante todas las decisiones que has tomado, en un instante previo, percibiste los dos lados de cada situación, pero tu egoísmo seleccionó el lado incorrecto creyendo te saldrías con la tuya rechazando el consejo o no considerarlo, el de tu consciencia.

Tendrás que deshacerte de tu Ego, aunque no podrás deshacerte de la responsabilidad por el fruto de tus actos. Estos son los mismos que te delatarán. Tu ego, es realmente tu mayor enemigo, el cual fue creado por ti. Sólo tú eliminarlo podrás.

No oses el jamás quejarte si el dolor hoy te abate. Tú y sólo tú, definiste tu presente de circunstancias y los efectos que en tu vida se enseñorean. ¿Ahora anhelas felicidad, pero esta te esquiva? Quien mucho hirió tendrá que compensar en sí mismo lo que provocó en los demás. Es tal como aquella Ley que expresó: "Ojo por ojo, diente por diente." Tendrás que pagar un precio aunque se te perdone. Toda causa tiene su efecto. Todas tus deudas tienen que ser saldadas. Es la única forma de devolver el equilibrio original que alteraste por tu ignorancia u osadía.

Te aconsejo que no desesperes. Si éstas son tus circunstancias, acepta tu responsabilidad primeramente y recibirás la ayuda para sobrellevar el proceso disciplinario que la Ley Divina te asigne y tendrás la oportunidad de triunfar. Tampoco olvides el no crear nuevas deudas. Alguna pudiera no tener un paso de retorno.

Sino rectificas ahora, puede que ésta sea tu última oportunidad y la pierdas. ¿O tienes conocimiento de lo que te depara el futuro? ¿Recuerdas cuándo ibas a nacer, de dónde vienes, a qué, por qué, por cuánto tiempo, cuándo y bajo qué circunstancias partirás? Todo está en tu cancha y sólo de ti depende.

No sigas arriesgándote en un suplicio que no tendrá fin, pues tus días de sufrimiento podrían durar una eternidad. No tienes nada que perder dejando a un lado el hacer lo que no te conviene. Aunque pagues mucho, no se te contará como pérdida, sino como ganancia.

Comienza a actuar con pureza de intención, negándole cabida a tus intenciones egocéntricas. Date la oportunidad de disfrutar el practicar el respeto propio y a los demás. Abre las puertas de la cueva interior en donde aprisionaste el AMOR con que fuiste concebido/a y dale libertad de ser y expresarse. La felicidad no tardará. Reconcíliate con aquellos a quien traicionaste y ayúdalos a recuperar lo que por tu vanidad, con mentira y orgullo le privaste. Cuando esto sucede se siente bien especial. No es volver atrás, es despejar el camino de las pesadas piedras de tu pasado. Irás liviano/a y no tendrás tropiezos que nunca en tu camino debieron estar. Tú los creaste y solo tú puedes liberarte de ellos.

No lograrás nada si te ocultas a tu pasado. Da cara a la realidad y se fiel a la verdad con intenciones nobles y genuinas en pureza de propósito. Sólo así dejarás de continuar siendo víctima de la esclavitud de tus propios defectos y efectos.

Sé (sabe) lo que eres y deja de fingir proyectando lo que no. Debes ser lo mejor que eres capaz de ser. No vivas para fingir. Solo los ignorantes se enmascaran con intenciones ocultas y perversas, pues tienen miedo de ser rechazados por lo que realmente creen que son.

Los tales olvidan que en el rompecabezas del Cosmos, todos somos iguales en importancia y de que la Fuente jamás se equivocó en su diseño de cada uno de nosotros, tú, yo, todos. No facilitó nuestra existencia para carecer de nada de lo necesario para lograr la bendición de hacer nuestra misión y lo que pudiéramos necesitar o querer. Ha sido nuestra errónea percepción la que nos confundió. Sabiendo ahora esto, te corresponde ser como eres y ser lo mejor que puedas ser. Tu vida será renovada y de cierto recibirás más de lo que jamás pudieras anhelar.

Ecuanimidad...

Si pretendes estar libre de la influencia de los problemas y las vicisitudes, no tienes cabida en este mundo. Éstos a todos alcanzan sin previo aviso, sin mediar causas y sin importar los efectos.

Se allegan a pobres y ricos, a sabios e ignorantes, a hombres y mujeres; a todo ser humano sin excepción, pero a su tiempo te darás cuenta que los llamados problemas son así definidos por tu interpretación del cuadro circunstancial y consecuencias sobre ti.

Cuando analices en función de la comprensión que surge de tu naturaleza divina, te darás cuenta de que la verdadera realidad es otra y siempre ha sido así.

Conflictos y situaciones desagradables o deprimentes te aguardan como a todo ser humano le ha sucedido y que aparentan ser imposible de prevenir ni esquivar. Tú mismo/a lo puedes confirmar si miras al pasado e incluso este momento presente.

Algunos problemas, a los cuales prefiero llamar "adversidades", son un tanto tolerables y manejables. Muchos surgen y parecen estar caminando junto a cada cual como sombras inseparables, como verdugos esperando la oportunidad para blandir su filosa espada cercenando con certera estocada tus más elevados anhelos.

Primeramente, te sugiero consideres conveniente aceptar cualquier "adversidad" que surja en tu marco de circunstancias. No las niegues pues nada resolverás esquivándolas. La aceptación de estas es una señal de que estás en proceso de solución y prevención.

Sabe que todas las adversidades, sean consideradas problema o no, forman parte integral e inevitable de tu mundo de circunstancias.

A través de éstas, es que recibes las enseñanzas necesarias para aprender y descorrer algunos velos de ignorancia que deberás saber reconocer y evitar en esta vida presente, pues se presentan inevitablemente cuando no las previenes.

El actual sistema de vida, la sociedad, la economía, la inestabilidad de la seguridad individual, nacional y mundial, tanto como nuestra vulnerabilidad competitiva ante la gran cantidad de influencias internas y externas que nos acosan, deben ser reconocidas y trabajadas si hemos de ascender en la escala de progreso físico y espiritual.

Todo lo que te sucede ocurre y forma parte de tu acción o no-acción, con las cuales vas forjando tu propio destino. Éste no lo puedes evitar pues eres quien lo crea y re-genera continuamente. Descartando intervenciones esporádicas externas, la mayoría de las cosas que te ocurren, o no, dependen de tus decisiones y solo tú tienes la responsabilidad de tomar y hacer como corresponda y los frutos de tus actos. Recuerda que tu libre albedrío es tu centro de toma de decisiones y uno de los aspectos más críticos de tu vida.

La Inteligencia Suprema te diseñó y dotó con las capacidades y posibilidades para que moldearas el mundo de circunstancias en el que decidiste vivir. También ha puesto en tu camino la posibilidad de lograr realizar tus "sueños" en acuerdo con la satisfacción de tus metas personales y estados de ser y de tener, que te permitan en armonía, ser lo que te corresponde y quieres.

No olvides que es tu obligación personal cumplir con la compensación requerida por la manera en que utilices y los efectos de ello, de las leyes que rigen el Universo. Si haces lo correcto o, si al hacer las transgredes, sea consciente o inconscientemente, crearás tu propio cielo o infierno individual según corresponda. Y, por favor, no le reclames luego a la Inteligencia Suprema por el fruto de tu proceder cuando su consecuencia sean adversidades.

Para toda adversidad existen múltiples opciones de manejo disponibles. No desesperes. Utiliza la diligencia y astucia con que se te capacitó. Las alternativas para resolver cada adversidad correctamente aflorarán por sí mismas cuando reconozcas que es a ti a quien corresponde rectificar.

Recuerda que siempre se te ha dado la oportunidad de anticipar situaciones y resultados. Está alerta y sé siempre consciente para que puedas percibir y discernir las señales de aviso y prevención. La posibilidad de prevención es un mecanismo fruto de no estar aislado de las cosas. Tu envolvimiento debe ser total. Lo contrario facilitará el surgimiento de las adversidades, mayormente por descuido. Puedes anticipar y prevenir tanto mayor sea tu grado de consciencia de tu desenvolvimiento interno y el de las corrientes energéticas que se te allegan continuamente

Si te ves inevitablemente dentro de serias situaciones, a pesar de que hallas tomado todas las previsiones mencionadas, solo te restará afrontar con dignidad, y la constancia del buen ánimo y receptividad para hacer ajustes y resolver. Dentro de una situación de gran adversidad, estos elementos contribuyen a resolver o minimizar los impactos.

Si no te es posible resolver de forma alguna, dada la naturaleza de los elementos causales, solo te convendrá aceptar y sobrellevar las consecuencias o utilizar la opción de ayuda externa en capacidad y disponibilidad. Acepta que todo en la vida es condicionado y que tienes siempre que pagar un precio, independientemente de los resultados. Acepta y no te conviertas en fuente de adversidad. Paga lo que te corresponda y salda tus cuentas. Queda limpio y borra toda carga de consciencia y sigue adelante.

Si hay cosas que te sucedieron que no pueden corregirse porque ya sus efectos son irreversibles, tendrás que aceptar la realidad y ajustarte a las consecuencias.

Lo que ya no puede resolverse o devolver a lo que originalmente era, solo provee la opción de aceptación. Si no accedes a la aceptación vivirás en amargura el resto de tus días. Hay cosas sobre las cuales no tuvimos ni jamás tendremos control de ellas tanto para que ocurran o no. Tendrás que aprender a aceptar y confiar que lo que es de una manera lo es porque así la existencia misma lo determinó. Cuídate de no ser un elemento de crear irreversibles. Tu consciencia jamás te permitirá olvidarlo y te consumirás a ti mismo/a.

La ecuanimidad te mantendrá en equilibrio para poder percibir tus opciones.

Si pierdes dicho estado, aunque tengas conocimientos, inteligencia, o todo el dinero del mundo, te convertirás en parte del problema que corresponde resolver. Si así procedes, experimentarás cómo los mismos se multiplican y perpetúan. Tal actitud sólo facilita la creación de situaciones adversas nuevas, muchas grandemente conflictivas.

¿Quién es capaz de liberarse de tal agobio? ¿Acaso no son los "problemas" el alimento de la vida y nosotros la sazón?

El estado de ecuanimidad te permitirá digerir y asimilar las influencias internas o externas que a ti se alleguen, permitiéndote el poder proceder en acción, directamente desde tu esencia espiritual.

Así alcanzarás y preservarás el nivel de acción causal, creando a su vez, el estado de equilibrio natural que te corresponde. De lo contrario, serás solamente, efecto. La decisión reside sólo en ti.

APEGOS...

¿Qué te ata?

¡Tus apegos!

¿Qué atan?

¡Tus ilimitadas posibilidades!

¿Cuáles son sus efectos sobre ti?

Coartan tu libertad al desviarte del Sendero que te corresponde seguir y, a su vez, te convierten en alimento de la frustración cuando tus fallidos intentos te sumen en el fracaso, la insatisfacción y la consecuente e inevitable depresión que comienza a consumirte.

¿Qué los produce?

¡Tus deseos! Los deseos que surgen de tus intereses que no son validados por tu derecho de consciencia. Deseos de aquello que pudiera no ser más que el fruto de caprichos e intereses egoístas.

¿Qué consecuencias desbordan sobre ti?

Sentir que has desperdiciado tu vida y un sentido de impotencia cuando, al tratar de rectificar, la probabilidad de lograrlo se percibe y ocurre como tratar de sostener agua entre los dedos de tus manos.

¿Cómo te liberas de éstos?

¡Confróntalos! Concentra sobre éstos tu atención consciente e individualmente. Media este contacto a través de tu consciente atención sin permitirle a tu mente egoísta engañarte, quizás bajo influencia de manipulación emocional basada en gustos e intereses.

Así se posibilitará disolverlos. Luego, mantén tu atención consciente para que al acercarse nuevos deseos, puedas percibir su llegada y disolverlos a discreción, según justifique, y antes de que se arraiguen en ti como raíces.

Libérate de tus apegos por medio de la indiferencia. La indiferencia no es la negación de su existencia. Por el contrario, es fruto del estar consciente de que te has expuesto ante un terrible enemigo creado por tus propios procesos mentales y emocionales, sin mediar su potencial impacto racionalmente. Si te mantienes en tu sendero no tendrás que hacer nada extraordinario. Podrás reconocer que son deseos sin sentido, ante los cuales tu indiferencia los mantendrá a distancia y no les darás energías para persistir.

Tu atención consciente podrá ayudarte a discernir que están en caminos paralelos al tuyo y los esquivas. Si les prestas atención mental se producirá un efecto semejante al cruzar de tu carril al de estos y no, el que ellos entren en el tuyo. Si allegarse a ti logran y su seducción comienza, recuerda que son fruto de tu consideración. Tú los creastes, quizás inconscientemente, pero son incapaces de penetrar tu camino sin tu consentimiento. De tal manera no podrá ninguno allegarse ni inducir efecto alguno sobre ti.

Utiliza la indiferencia como si ya no existieran aunque puedas percibir su presencia. No les prestes más atención. Así encontrarás posada en el portal de tu libertad y, dichos velos, se descorrerán en su momento.

Así como los grandes Maestros enseñaban, el ciclo de una fruta ilustra el proceso: "Observa el surgimiento de una fruta; su nacimiento, desarrollo, madurez y muerte. Cuando el momento natural llega, la fruta estará lista para ser removida de su rama sin esfuerzo ni daño alguno".

Tú eres esa fruta y tu tiempo natural ha llegado: el ahora. Tiempo para reclamar la libertad que te corresponde.

Nada es malo, nada es bueno, pues la esencia de donde todo surge es la misma. Todo brota de una misma fuente.

Sólo la cualidad de la "forma" que la polariza, de acuerdo a su razón de causa, o el someterse a alteradas y desarmoniosas influencias internas y externas, definirá su manera de manifestarse en este plano de relatividad.

Emula el proceso de la Naturaleza. Dirige hacia ésta tu atención; observa y has. Armonízate con tu tiempo y lugar tanto como en tu razón de ser. Se te facilitará así comprender, lo que te rodea, lo que es afín contigo y lo que no, tanto como lo que te conviene en todo momento.

Muchas cosas no te serán compatibles y deberás mantener prudencia y distancia según percibas. Las que no lo sean para ti, no quiere decir que sean malas sino, no compatibles contigo y tu naturaleza bajo las condiciones prevalecientes. Apártate, pues son estas las que más apego producen en ti.

Es notable que normalmente aspires tener o hacer cosas que interiormente sabes que pueden ser una imposibilidad bajo ciertas circunstancias. Esto, simplemente, se puede salvar si paso a paso vas edificando una zapata que te posicione para alcanzar lo que corresponda al estar entonces listo/a. Contrario a esto es forzar. Forzar es ganar ahora para perderlo luego. No siempre el fin justifica los medios si el fin es contrario a lo que originalmente en equilibrio y perfección existía.

Todo tiene una razón de existencia y uso, sin diferenciar ni rechazar como malo o aceptar como bueno. La Sabiduría Divina tuvo a bien darle las posibles combinaciones para correcta utilidad a todas las energías de donde surgen todas las manifestaciones en base de Leyes de orden, armonía, equilibrio y perfección.

La Inteligencia Divina es infalible y no depende de la mente humana para definir y poner en vigencia y acción, sus leyes y procesos de manera automática y sin intervención volitiva alguna. Te ofrece todo lo que necesites para cumplir con tu propósito de vida, lo cual se confirma en tu capacidad de adaptación y supervivencia tanto como tu potencial para lograr tu felicidad.

No son los apegos, los cuales actúan en tu contra, sino operar en conformidad con las Leyes de la armonía y orden divino, lo que te ayudará a lograr las metas que te propongas y correspondan.

Sabrás cuándo obrar o no, qué hacer o no, cuándo parar, cuándo seguir..., solo cuando alcances la armonía en tu ser y entorno, todo se convertirá en una bendición para ti y los tuyos.

Si persistes en tus apegos, obtendrás los efectos contrarios y sus ataduras harán imposible la realización de tus anhelos.

¿Qué son tus apegos, sino el reflejo de tus miedos ocultos?

Te apegas a aquello que temes perder o lo que no tienes y que consideras es obligado tener, normalmente siendo dichas posiciones, error de percepción o fruto del orgullo egoísta.

En ocasiones, te vuelves egoísta como si algo realmente que no tienes te perteneciera y tiendes a pretender su obligada posesión. No olvides que ni tu cuerpo prevalecerá cuando tu energía de éste escape.

Purifica tus pensamientos y tus emociones se estabilizarán. Ambos se interrelacionan y su nivel de armonía determinará cómo obrarás.

Permítele a cada cosa en tu vida el lugar que le corresponde y fluye. Apegarte es una atadura y te detiene. Detenerte implica volver a comenzar y te sentirás que no alcanzas nada como si te hubieran colocado frenos invisibles. Libérate de tus apegos y fluye. Escucha y sigue el consejo de la voz de tu consciencia. Déjate guiar, no fuerces las cosas y libre serás.

Dependencia...
independencia...

La comprensión de lo Divino en toda su posible expansión (Dios..., la Inteligencia Suprema...), al nivel de su realidad causal, es imposible. Esto es así para todo ser humano que no haya trascendido las barreras y ataduras del plano de las manifestaciones físicas.

Sólo podrás allegarte a la comprensión de la realidad causativa, compenetrándote con el fruto de las manifestaciones de este plano, pero desde una perspectiva tal, como si estuvieras recorriendo sobre el invisible puente de la esencia insustancial que todo conecta y, como observador/a, sin dejarte afectar por lo que veas, sientas o experimentes. Deberás reconocer que eres y existes como un ser maravilloso y grandemente bendecido/a, y por encima de todo lo que te rodea.

Inicialmente, tal comprensión estará limitada por tu grado y nivel de percepción tanto como por las influencias de todos los datos, conocimientos, experiencias e intereses creados que conforman tu Ego.

Esta percepción puede incrementarse gradualmente hasta hacer posible que, súbitamente y sin esperarlo ni forzarlo, pases de lo particular y fragmentado, a la comprensión y unión con la totalidad. Habrás entrado, al despertar, al estado de plenitud e iluminación; estado inherente en cada cual y todos, pero que experimentamos como finos haces de luz, sin poder vislumbrar de la fuente, su brillo total mientras tal estado no es alcanzado.

Esta comprensión no depende de tus conocimientos ni de tu intelectualidad. Tampoco depende de tu sabiduría, la que se fundamenta típicamente en el conocimiento aprendido, mayormente adquirido por lo que te han dicho o has leído y no por tu inteligencia o experiencia existencial, la que proviene como un flujo desde tu consciencia espiritual.

La comprensión de la realidad sustancial oculta detrás del velo de las "formas" es tan sólo posible a través del despertar de tu consciencia a la percepción espiritual. Es tal y cual, como si abrieras una ventana de tu hogar en la mañana y dejases que los radiantes rayos del sol penetrasen en tu alcoba llenándola de claridad.

Todo análisis para alcanzar dicha percepción redunda en un ejercicio de futilidad. No existe un proceso definido y que se ajuste a todos por igual que te conduzca a ello, incluyendo los ejercicios tradicionales de meditación.

Las conceptualizaciones filosóficas con sus correspondientes arreglos de palabras yerran su objetivo. Tampoco es algo que esté a un nivel tan sutil que cualquiera no pudiera tener acceso. Lo necesario requiere de algo más allá de lo definible convirtiéndose en incomprensible a tu limitada conciencia y percepción sensorial física. Es un conocimiento existencial que deberás experimentar, sentir, vivir, ser consciente y uno con el mismo, aún cuando no lo podrás explicar al lograrlo pues estarás inmerso/a al grado de perder la mente tradicional de lo que eras para ser lo que eres en realidad: pura conciencia.

Te será menester eliminar toda sensación de separación, desapareciendo ante toda posibilidad de sensación física. Es dejar de ser lo que crees ser para poder ser, realmente. Liberar tu ser; liberarte del Ego de tu mente y llegar a establecer la conexión con tu estado de Suprema Conciencia. Entonces, el despertar te será posible. Deberás llegar a comprender la naturaleza y la total integridad y unidad de todo lo que te rodea y lo que eres en esencia. Para ello habrás de sumergirte en el "mar" de tu universo mental, pues tendrás que cruzar aquello que dejar atrás te corresponde. Solo así la posibilidad se allegará.

Gran parte de la humanidad actúa como si cada ser y cada cosa fueran individualidades y, por ende, separadas. Estos, actúan y hasta sienten realmente en su interior, que no necesitan de nadie para sostener su vida, que son independientes y totalmente autosuficientes en todo. Muchos son los que se sienten superiores a su prójimo y a todo lo que les rodea. Fundamentan su proceder en el haber alcanzado grandes riquezas económicas o poseer una gran inteligencia o por haber logrado posiciones de poder en sus trabajos o por la extensión de sus posesiones y conocimiento intelectual.

Estos han desarrollado un falso sentido de grandeza que los convierte en arrogantes, avaros, egoístas y hasta con sentimientos despiadados, creyéndose con poder y autoridad a regir a los demás como si fueran seres inferiores sujetos a sus mandatos de manera incondicional.

Sólo le bastaría al hombre considerar una analogía sencilla de su cuerpo y el universo para incrementar su comprensión y percibir lo erróneo de su proceder.

Partiendo de la premisa de que la totalidad del cuerpo humano pudiera visualizarse como un universo, es posible describir las semejanzas como sigue:

- Cada uno de tus órganos, visibles o no, son las "formas" en él contenidas y que se manifiestan en tu Universo llamado cuerpo. La cabeza, el pelo, las orejas, los ojos, los brazos, las manos, los dedos, las piernas y así sucesivamente, en lo que respecta a los órganos visibles.
- Internamente, tienes tu cerebro, el corazón, el bazo, el hígado, el estómago... el sistema endocrino, los sistemas nervioso central y simpático, por mencionar algunos órganos asociados a tus necesidades funcionales.
- Cada órgano ha sido diseñado con una "forma", "función" y "lugar" en específico. Un órgano solo, separado del cuerpo que le corresponde, jamás podría subsistir.
- Un cuerpo con un órgano enfermo podría dejar de funcionar normalmente y hasta provocar la "muerte" del cuerpo en caso extremo.
- Cada "órgano" de tu cuerpo es individual por sus características de funcionalidad pero dependen de que exista una conexión armoniosa entre todos y dentro del mismo.
- Científicamente se ha demostrado la existencia de conexiones entre los órganos que permiten una comunicación tanto como una funcionalidad equilibrada total y unitaria. La existencia de éste elemento de enlace permite concluir la veracidad del estado conocido como interdependencia.
- Los unos no podrán sobrevivir sin sus complementarios; los unos no podrán subsistir aislados pues la interdependencia es la clave para su supervivencia. Es finalmente obvio la dependencia de funcionalidad correcta individual para que prevalezca el equilibrio

y la salud de la totalidad del cuerpo. Es sólo a través de la interdependencia que perpetúan su existencia, en apariencia "individual" pues, recalco, de manera individual jamás podrían existir.

• Considérate parte de un Todo y actúa responsablemente ante lo que te rodea. Ayudarás con ello a preservar tu ser tanto como el ambiente en que habitas, convirtiéndote en un/a facilitador/a para preservar la existencia Recuerda que tu cuerpo, además de tus cinco sentidos físicos básicos, contiene otras facultades. Puedes pensar, gracias a tu mente; puedes ser consciente de lo que a tu alrededor se manifiesta.

• Se te infundió con un flujo continuo de energía vital, que te mantiene con la capacidad para subsistir en este plano. Esa energía vital que fluye en y a través de ti es una energía viva que te permite "ser". Así como tu cuerpo aparenta ser un universo pequeño, así lo que nos rodea es un universo mayor y la misma energía se manifiesta en ambos.

• Tampoco olvides tu existencia, tu "Ser", esa esencia real que eres, la cual tampoco está separada de todo lo demás; como esencia real y vital, una mente dotada con inteligencia tanto como con una fuerza creadora que todo lo compenetra. Eres tan solo una apariencia de individualidad condicionada por la interdependencia de todos los elementos que te componen, pero por tu esencia, una unidad integra con la totalidad, mente, cuerpo, espíritu, conciencia.

DAR

Dar es la Ley. Sólo si das recibirás, y tu ser, como vasija para contener, jamás vacío estará. Se allegarán a ti incontables bendiciones; infinitas como sinfín son las estrellas que en el Universo en expansión continua habitan.

Todo aquello a lo que tienes derecho y te corresponde, está accesible delante de ti, aunque no lo veas. Sin embargo, sólo podrás obtenerlo cuando estés dispuesto/a a recibirlo y utilizarlo en conformidad al propósito de vida por lo cual existes como ser humano. Te será posible obtenerlo cuando alcances y establezcas la afinidad correspondiente, entre la Suprema Inteligencia y tu vibración personal e individual.

¿Cuál es la procedencia de todo? Es una responsabilidad compartida entre tú y la Divinidad, y no serás defraudado/a en el recibir. Esto es posible cuando accedes a compartir en bien de las necesidades de los que nada o menos tienen. Jamás olvides ni dudes ni temas que seas rechazado/a por la Inteligencia Suprema que es la única Fuente de toda provisión.

Aunque nada pidas, aunque nada ansíes ni buscar persigas, en tu camino surgirá lo que te sea requerido para tu propósito de vida cumplir. Cuando comprendas que no deberás temer el dar, pues nada pierdes sino que, por el contrario, el recibir será proporcional a tu dar en tanto tal proceder no cese, y en tanto tu actitud sea rebosada por la humilde y reverente disposición desinteresada a continuar compartiendo.

Es como si te convirtieras en una vasija que seguirá recibiendo de un imparable flujo proveniente de un río que nutre y satisface la sed de todo y todos con su aliento de vida; y así, a toda la naturaleza que le rodea. Todo lo que te sea necesario llegará, por medio y desde la Divinidad por tu incondicional disposición de compartir. Solo cuídate de no convertirte en obstáculo ni freno a su fluir pues de allegarse, ante tal proceder el vacío de la carencia surgirá.

Trata de comprender que aquello a lo que tienes derecho, por derecho de consciencia, para ti ha sido dispuesto. Si sientes que no tienes nada, que de todo careces, quizás nunca dejaste espacio para que la Divinidad lo llenase. La Fuente de donde surgieron tus primeras bendiciones, es inagotable y jamás de nada carecer podrás, mientras en Su armonía lo compartas.

Quizás no sabias lo que ahora conoces y temiste perder porque consideraste tu poseer más importante que las necesidades de los demás. No comprendías que nada habrías de perder. Mira el ejemplo de la tierra de donde tu alimento proviene. Siempre dispuesta y sin negación, a continuar su compartir y, mientras más el mundo de esta se nutre, mayor abundancia de su dar proviene. No temas perder nada y comparte sabiamente como si sembraras semillas sobre la Tierra. ¿Acaso no te devuelven las semillas su fruto multiplicando lo que sembraste?

Si llena tu bandeja esperas tener y de nada carecer, vacíala. La Divinidad la hará desbordarse. ¿Recuerdas la multiplicación de los panes y el pescado? De cinco panes y dos pescados se alimentaron miles y quedó alimento. Todo lo que existe, para ti existe y corresponde su disposición. Recalco, jamás olvides que la naturaleza, para todo lo que con amor y desinteresadamente compartes, te lo multiplica.

Comprende y acepta que no es necesario, pedir ni reclamar lo que te pertenece. La Divinidad desde antes que nacieras, bien sabía cuáles tus necesidades serían y está presta a complementar el que sean satisfechas y disponible aquello que satisfacerlas habrá. Reconoce esta Ley fundamental. Algunos Maestros de la antigüedad la señalaron con la palabra: servir. Aún Jesús afirmó que el más grande de los seres es aquel que más sirve. El tener y el servir son sinónimos dirigidos a la acción de dar. Si aún no lo has comprendido, tu barca navega hacia el océano cuando su destino es la costa que detrás de sí deja.

Quizás te sorprenderás si te afirmo que sea lo que sea lo que busques que no has encontrado, ha estado en ti desde el principio de tu vida. Tú eres el camino y la fuente de todo tu mundo de circunstancias. Todo en ti, contenido está.

Despierta y mantente alerta. Lo que puedas necesitar, siempre ha estado tan cerca, y recalco, dentro de ti. Fuera, no lo encontrarás. Por ello, no lo conseguiste antes pues fijaste tu atención incorrectamente.

Todo lo que se manifiesta en relación con tu mundo de circunstancias, es fruto de un continuo flujo de creación y regeneración compartida. Desde esta referencia tus decisiones dirigieron las manifestaciones de lo que hoy disfrutas o sufres, tienes o careces. Todo termina siendo una extensión o proyección de ti considerando también, la influencia a la que te expusiste proveniente de tu exterior y tu reacción ante esta.

Otro aspecto es que es posible el que sientas que muchas de las cosas a las que aspiras, parezcan inalcanzables. Aunque todo este interconectado, no necesariamente implica que puedas tenerlo todo. Para ello tendrás que allegarte al flujo de acción y sincronizarte si esperas hacerlo posible.

Puedes forzar las circunstancias para allegarte lo que desees, y me refiero a aquello por lo cual no hayas cumplido con el derecho para ello. Podrás tomar por la fuerza, pero tarde o temprano se desvanecerá de tus manos como el agua entre tus dedos.

Lo aceptes o no, las Leyes Divinas son infalibles e imparciales. Quizás puedas transgredir y ocultarte a las leyes humanas, pero a la Suprema Inteligencia, jamás. Sus leyes no tienen preferencias ni discriminan al ejercer su justicia, pues el equilibrio y la armonía tienen que prevalecer tanto como el orden y perfección. Nada, nada escapa a su acción de revisión para repartir bendición o acción disciplinaria.

Su poder (el de la Suprema Inteligencia) es infinito y su efectividad de justicia: infalible, irrefutable e inevitable. ¿Ansias la felicidad y poder vivir en paz? Vive en armonía con la Ley y todo lo que anheles se manifestará, pero tendrás que trabajar para ello. Se te permite recibir y no por azar ni capricho o don Divino sino por merecimiento. Uno de los más grandes y hermosos secretos, es que en la armonía y paz espiritual, ya todo ha sucedido. En tal estado del ser, al concebir algo, ya ha sido dispuesto para tu alcance. Así opera la Ley.

Es mejor dar que recibir. No olvides que es imposible dar si no se tiene, ni dar lo que no tienes derecho pues a otra persona le pertenece. El dar promueve y perpetúa el flujo de recibir; la continuidad del proceso de regeneración y persistencia de lo existente, y es a través de éste, que se recibe. De lo contrario, el dar vaciaría tu vida de bendiciones y correrías el inevitable riesgo de perder lo que tienes y que crees es exclusivamente tuyo.

Algunos Maestros han explicado que la vida es la única fuente verdadera de dar y no hay nada que a ésta pudiéramos dar que ya no tuviera. No es a la vida a quién debemos de dar, sino a nuestro prójimo, como entidad individualizada. Cuando así obramos, creamos en nosotros la carencia de lo que compartimos, pero cuando lo hacemos en armonía y perfección con la Ley, ésta se encarga de henchir nuevamente el aparente vacío que quedó al dar.

Si retenemos, egoístamente, cuando tenemos la oportunidad de dar, la Ley detiene el fluir de su compartir pues no encuentra vacío que llenar. Así tu vida se estanca y lo que te correspondía se aleja de ti hasta que, lo que creías mucho se convierte en poco y se desvanece a su tiempo, por negarte a compartir y mantener vivas y frescas las provisiones que te correspondía compartir.

Así fue expresado por mi hermana EUNICE: *"Darse, sin esperar nada a cambio es poner el alma y el sentimiento al servicio de otros. Ojalá pienses y actúes en función, no sólo de lo que obtienes o puedas llegar a tener; que lo hagan con AMOR."*

Retribución...

No todo lo que quieres te conviene ni todo lo que haces te aprovecha.

Henchido el mundo está por la belleza que a través de sus formas proyecta, sin comprender que es tan solo una ilusión, tal aparente belleza.

Cual indefensa víctima de un lastimoso anzuelo presto a desgarrar su presa, así te has expuesto y sucumbido ante tus desatinos. Persistiendo en estos, te has creído haber vencido sin notar, que cedías de ti lo más bello sin darte cuenta, tu derecho a crear y reinar en lo que debe ser tu mundo de circunstancias.

Nunca has sido consciente de la trampa de la cual en víctima te convertiste; tampoco del que ignorantemente regalabas tu esencia, a quien aprovechándose de tu inocencia y vulnerabilidad, la arrebataba para ellos beneficiarse.

Desmereciéndote en tu valía y con negligente e impensadas decisiones, por tener tu mente sumida en vanas emociones y esperanzas, aquellos, sin misericordia te despojaron de tu inocencia y real belleza, sabiendo que de otra manera jamás obtenerla podrían.

Sus sonrisas y halagos no eran más que máscaras. Sus seductoras palabras llenas de afecto y cariño, engañaron tus mejores sentimientos e intenciones.

Esos fueron los hijos del Hades; externamente hermosos, deseables y cariñosos. Tomaron ventaja de tu inefable curiosidad y empeños en tu desesperante vacio interno.

¿Para qué perpetuar depender de aquellos que tan sólo pretenden despojarte de lo que te pertenece y corresponde?

Acepta tu realidad y considera que todo lo que pudieras anhelar, alcanzar y tener, no está en las manos de nadie el que ocurran. Fuera de ti, nada ni nadie. Lo tuyo es tuyo y basta. Al final de la cosecha, será tu decisión determinar qué y con quién compartirlo, pero primero hay que sembrar lo que a bien decidas.

Tu alianza tiene que ser con la Suprema Inteligencia y es Ésta, la que te llenará del buen fruto.

El pago que has recibido por tus esfuerzos no es el que la Divinidad tenía dispuesto. Si te sientes que la tristeza es tu estado emocional rampante, si miras atrás y tus lágrimas surgen sin explicación alguna, si vives en carencia aún de las cosas más fundamentales de la vida, ello te permitirá reconocer que no sientes haber alcanzado todo lo que pudiste. Ves como tus días se esfuman y se alejan las posibilidades de un mejor mañana comenzando hoy.

Es hora de frenar y tomar las riendas de tu vida y dejar de engañarte a ti mismo/a, y de que otros lo hagan con tu consentimiento. No te sigas engañando con falsas esperanzas de ayuda y sí, que tu discernimiento espiritual en que únicamente puedes confiar, sea quién te apoye y dirija. Puedes escuchar lo que de otros provenga, pero tu vida es tu responsabilidad y lo que te corresponde hacer y recibir tienes que ser tú quien lo decida y a tu manera. Si las propuestas externas no son internamente aceptadas, recházalas y adelante.

Las leyes naturales te habrán de retribuir en la justa medida de acuerdo a tus acciones. Tus posibilidades están enmarcadas entre los límites de tus intenciones y cuán armoniosamente éstas correspondan con dichas leyes. Tu discernimiento espiritual, como te he mencionado, te permitirá saber qué es o no, aceptable. Tendrás que aprender a conocerte y confiar en ti. ¿En quién más si no?

Ten claro que tus posibilidades sólo se limitan si así tú lo decides. Recuerda que eres quien siembras; que tú escoges las semillas y dónde sembrarlas. Tú determinas el terreno. En ti reside la sola responsabilidad de regarlas y darles sol a su tiempo y arrancar la yerba mala que pudiera alrededor de tus semillas nacer. No puedes descuidarte ni permitir a otros tal empeño. Tus esfuerzos serán en su tiempo natural recompensados. Ahora es tu tiempo.

No fuerces...

Vives sin darte cuenta de que estás sumido/a en una incesante búsqueda de "algo" que no conoces ni comprendes, excepto parcial y superficialmente.

Vagas por el mundo tropezando con los escollos que la incertidumbre inherente de la naturaleza y los frutos de tu infértil cosecha te deparan.

Tu proceder es semejante a una bandera cuya dirección la determina el viento. Obras como si no tuvieses consciencia de lo que eres, de lo que te corresponde hacer, de tus opciones inmediatas, sin reconocer lo que en ti existe y que en tu alrededor sucede, tal como si nada supieras.

Te has sentido dueño/a y señor/a de todas las cosas que moran en ti como anhelos. Has asumido la actitud y el comportamiento de que todo y todos, postrarse ante ti tendrían.

Has presumido que eres la medida de las cosas. Tu ego se ha convertido en el eje de tus acciones. Has faltado a la ética del derecho ajeno por el derecho propio que nace de la vanidad. ¿No lo has notado aún? Gracias a tu carencia de consideración, has desmerecido en tus virtudes y perdido de tu prójimo, el respeto por tal imprudente proceder.

Si lo que te he dicho te describe, es tiempo de reconocer que la humildad escapó de tu corazón. Como en pareja, también la compasión te habrá dejado solo.

El tiempo no tarda y se siente como un ahogo, como si un humo nublara e inundara tus sentidos y vas asfixiándote poco a poco. Todo tu ser se transforma, al enraizarte por tu negación a aceptar tu impropio proceder, tal cual volcánica montaña, explotando y vertiendo la arrogancia de los que exigen de todos la mayor atención.

Si persistes en forzar todo lo que quieras, no habrá para ti cabida para recibir las bendiciones espirituales. Todo lo que pudieras lograr serán como éxitos en apariencia y transitorios. Esto hace imposible tanto la felicidad como la paz genuina.

No te dejes engañar más con aquellos que teniendo grandes riquezas, te hacen creer que los procederes que he señalado pudieras estar utilizando, les hayan servido para alcanzarlas sin pagar su precio. En nada ni por nada deberás envidiarlos, pues nadie que tenga lo que no le corresponde por derecho, podrá disfrutar sin que su tiempo de saldar cuentas les alcance.

Mejor te es buscar, reconocer y emular a los sinceros y rectos en proceder. Son incontables también los que han amasado riquezas sin violar del hombre ni de la naturaleza, sus leyes. Un proverbio oriental lo expresa claramente: "La Ley os dará vuestro salario."

A esto lo llamo Justicia Divina. Puedes hacer todo lo que sea correcto ante la Ley sin forzar nada pues ésta te allanará el camino de su realización.

Si persistes en forzar tus obras y utilizar métodos y procesos aberrantes, aunque logres tus metas, tal prosperidad desaparecerá en corto tiempo.

La Suprema Inteligencia creó al ser humano para vivir en armonía en este, nuestro entorno terrestre. Es de vital importancia nuestro respeto inicial a dicha Inteligencia, a la naturaleza y a nuestro prójimo y a ti mismo/a. Existe espacio y tareas para todos y no es necesario aplastar nada ni nadie por los meros caprichos de control y poder. El desmedido afán, es nocivo.

Cuando te sientas inspirado/a a hacer algo, recíbelo con humildad y considera que se te ha escogido para lograr cosas que habrán de servir a muchos, donde te conviertes en el medio para su realización. Deberás sentirte orgulloso/a y agradecido/a por tal oportunidad y proceder hacia su consecución con humildad y respeto para que recibas de la Divinidad, todo lo necesario para que ocurra.

Así cumplirás con los requisitos de la Ley y podrás gozar del fruto que te corresponde por haber cumplido con tu parte correctamente. En esto se cumple otro viejo proverbio oriental: "Conseguimos lo que queremos porque queremos lo que debe ser".

La llave de la vida reside en reconocer que La Suprema Inteligencia manifestó Su Creación en Ley y Orden. Sólo así la armonía es preservada. Obrar forzando y alterando el orden y la armonía de cualquier cosa, solo crea desarmonía y desorden. Es cuando la disciplina Divina sale a socorrer la naturaleza pues, de no hacerlo, la destruiríamos.

Todo pensamiento, sentimiento o acción que altere cualquier condición de equilibrio, recibirá una influencia en oposición a las mismas, en búsqueda de la inmediata restauración del estado original.

Si el fruto de tus acciones ha de ser digno, útil y perdurable en buenas cosechas, sólo resta que pienses, sientas y actúes en conformidad con la voluntad de tu eterna y siempre presente Divinidad.

Tu única opción es dejar en las manos de la no-acción de tu mente, lo cual implica tu consciencia o estado de tu ser en su expresión más elevada. Aprende a operar desde tu consciencia la cual está conectada directamente con la Consciencia Suprema. Ésta te dejará saber qué hacer en todo momento del proceso.

Juzgar...

Si presumes haber alcanzado la comprensión suprema, ¡has errado tu camino! La humildad se habrá alejado de tu corazón y tu intención jamás será desinteresada. Tus fallidas acciones te perseguirán por doquier. Proyectarás alegría y en tu interior, sentirás el ardor de la eterna flama de tu egoísmo, el cual te hace creer superior ante los cuales postrarte debieras. Tu imprudencia te inclinará cual empinadas colinas, precipitándote en un pantano de errores y equivocaciones y, quizás, ni cuenta te darás de ello. Te arriesgarás al punto de no retorno y tu vida será un desecho.

Cuídate de la presunción de sabiduría pues, cual reluciente espejo, tu proceder reflejará tu desmedida ignorancia, pues nada oculto estará indefinido ni impunemente. Tu propia consciencia será tu verdugo y de ésta, ni esconderte ni escaparte jamás podrás.

¿Acaso tu comprensión abarca el infinito caudal que incluye todas las formas en existencia? ¿Acaso no has errado alguna vez en tu percepción de cosa alguna?

Aquel que sabe, Maestro es. Un Maestro ni reprocha ni critica. El Maestro, con tan sólo callar y su sola presencia enseña. Al hablar no refleja en su rostro malicia, ironía ni maquinación perversa. Su sonrisa es limpia y sin burla; sus palabras no te serán ofensivas si estás preparado/a y presto a escucharlas.

El fruto de sus acciones es su único testimonio. Sólo señala tu camino, no lo recorre ni se aparta del suyo. Su caminar es firme y seguro. Sus pies jamás resbalan. A todos enseña con su sola presencia y a todos da, sin exigir nada. Tiene acceso a todo y nada le interesa pues no hay en él morada para el apego.

Has nacido para aprender de tu Maestro interno y a su vez, comprender que por ello te conviertes en responsable de la cosecha en la aplicación de tus conocimientos.

Tampoco descuides la intención de tus acciones y no juzgues, pues de lo que crees conocer hablas y te jactas, sin comprender que es más lo que se oculta tras el velo de tu ignorancia, que de lo que eres consciente a través de tus confundidos sentidos hasta que se manifieste en ti, el despertar.

Con esto deberás poder hacerte una ligera idea de lo que el Maestro "es". No juzgues y emúlalo. Que tu anhelo sea el alcanzar la maestría de la vida a través de la realización de tus aspiraciones. Sé sincero/a y compasivo/a, tolerante y comprensivo/a, pues desconoces las causas que provocaron en otros su error, o el dolor que les aqueja. De cierto, nada de lo ocurrido fue para que hicieras alarde de tu ilusión de altanera superioridad ni que te precipitaras a juzgar, lo cual es inmisericordia.

¿Quién es el que su sendero encuentra? Aquel que valida su enseñanza y frutos a través de la buena cosecha. Ese es el verdadero testimonio y no, las palabras que alardean humillando a los que, quizás, por razones ajenas a su voluntad tuvieron que pagar un precio supremo por su falta de comprensión y confusión, guiada por su ignorancia. ¡No juzgues pues lucirás más ignorante delante de tus propias palabras que las que por tu prójimo pronuncies!

¡Quién presume de sabiduría, cuando menos lo espera e inconscientemente, deja caer la máscara que oculta su ignorancia, permitiendo entonces la mayor de las justicias, cuando su propia cosecha en su contra testifica!

¿Con qué derecho te atreves juzgar a tu prójimo? ¿Con qué poder te atreves asumir una posición a la cual ni los ángeles aspirar se atreverían?

Aquieta tu ligero proceder y antes de juzgar, mírate a ti mismo/a y comprende tu vulnerable posición. Antes de pronunciar palabra o motivarte a actuar, cuando más que educar o aclarar te atrevas practicar la humillación de tu prójimo, ¡detente!, no sea que la Inteligencia Suprema te prive arrebatándote tu libertad sorpresivamente. Inevitablemente, sólo obtendrás, un sentimiento de humillación por aquello en que te jactabas más.

¿Quién, a la larga, es la víctima de la burla que sobre tu prójimo por tu inconsciencia proyectas? Así como todo lo que sube, a su momento baja, así lo que proyectas de vuelta a ti regresa. La medida de tu felicidad tan sólo tú la determinas; decide por la felicidad y no juzgues más.

Un mundo condicionado...

Naces y, con ello, emprendes la jornada más importante de tu existencia: vivir.

De cierto que habrás de enfrentar grandes dificultades, conflictos, vicisitudes, enfermedades y pérdidas. También tendrás triunfos, alegrías, salud y ganancias.

Así es este plano de dualidades y para minimizar el impacto de las tendencias y adversidades, influencias de todas clases y fuentes, deberás saber cómo orientarte y hacia dónde dirigirte.

Todas las cosas, tal como las circunstancias están condicionadas. Inevitablemente todo depende de algo más.

Todas las condiciones, circunstancias y manifestaciones son fruto de leyes naturales infalibles. La naturaleza, en constante cambio, va continuamente regenerándose en todo lo que te rodea y moldeándolo todo, tanto como a ti mismo/a. Así como las condiciones de influencia cambian de un instante al próximo, todo cambiará a su vez en todo el sistema del Cosmos por siempre.

Los elementos en existencia, son y se manifiestan de acuerdo al efecto de la influencia y suma total y proporcional de cada elemento; las características que los componen y según su naturaleza funcional y activas. Las influencias externas a tu voluntad son elementos adicionales que influyen para definir, el cómo todo lo que te rodea se habrá de desenvolver e impactarte de múltiples maneras. Por otro lado, las internas son, típicamente, elementos causales de reacción originadas por nuestro ego, lo cual pudiera ser trascendido para recibir de la Conciencia Divina, orientación y dirección fiel.

El estar expuesto y sujeto al condicionamiento, es una verdad fundamental que debes comprender y que ha pasado desapercibida por muchos. Este condicionamiento reduce tu flexibilidad de control para la obtención de muchos de tus más elevados anhelos. Sin embargo, si conoces sus fundamentos, el condicionamiento se puede convertir en un facilitador y contribuidor, más que en un opositor.

Para ello es necesario que, dado que tienes a tu disposición una naturaleza divina, utilices tu discernimiento espiritual, para facilitar la comprensión del cómo manejar una situación o cuadro de decisión.

Al alcanzar tal comprensión, tú camino de desenvolvimiento aflorará bajo tus pies, en tanto comiences a dar tus primeros pasos y persistirá tanto como fiel seas a tu nuevo despertar. Dicho camino es el sendero que te transportará a la cima causal, aumentando tu probabilidad de éxito. Recuerda que el discernimiento espiritual abarca la totalidad del conocimiento y la sabiduría y mucho más. No es como el conocimiento adquirido por estudios y algunas experiencias.

¿Por qué tomar decisiones conociendo la presencia de tales, tus posibles limitaciones, y no considerarlas para reducir las latentes probabilidades que nos impulsan a errar?

Sabe que tienes a tu disposición un Maestro. Está dispuesto y siempre disponible a asistirte facilitándote una expansión de consciencia para que alcances el discernimiento de la solución correcta de acuerdo a tu necesidad específica y presente. Tus datos en memoria, no necesariamente serán suficientes, aplicables ni efectivos para una situación actual, generalmente distinta al pasado en que sí lo fueron.

La única y verdadera consecuencia a través del despertar, es el que serás capaz de realizar todas tus nobles aspiraciones, dentro de la realidad y expansión de tus posibilidades al alcance. Esto sucede porque aumentas tu probabilidad de éxito, al descorrer este, uno de tus velos de ignorancia.

Otro aspecto del condicionamiento es el que cuando todas las experiencias han sido existencialmente comprendidas, te será también posible deshacerte de un caudal no relevante de información. Este monto de información no-relevante, te sobrecarga y confunde en tu proceso de toma de decisiones. Es singularmente basura y debes despojarte del mismo para simplificar y tener la claridad requerida para tu proceso de análisis. Retenerlos es fruto de apegos, pero si no son útiles, no hace sentido su presencia ni el considerarlos. Te verás en la obligación de romper con estos.

El apego es una condición de atadura que te fuerza en retroceso. No te permite avanzar; te ata y te esclaviza. No siempre te das cuenta que te conviertes en su víctima fatal. Ni siquiera aceptas su existencia virtual. Te aferras como si fuera parte de ti, sin darte cuenta que esa atadura te asfixia hasta la muerte, cuando nunca debió existir. Lo que en alguna ocasión pudo ser útil para resolver una problemática dada, no necesariamente en el presente ni en tu situación en específico, te ayudará a resolver. La guía espiritual surgiendo de tu consciencia interna, te ayudará a establecer relevancias.

Sólo recuerda que lo relevante, es lo único a persistir, y que muchas cosas son medios y no metas.

No siempre es necesaria la experiencia personal directa. Los efectos vistos en las experiencias de otros, efectos que consideramos obvios y concluyentes en términos de causa y efecto, hace innecesario el que experimentemos personalmente.

Muchos efectos son nocivos y hasta fatales para quienes experimentan en ignorancia. Deberás estar alerta.

Es innegable que la mejor manera de aprender y comprender las causas y efectos de algo, lo es a través de la exposición, vivencia o experimentación directa. Sin embargo, desecha el temor de no envolverte cuando se tiene entendimiento del potencial y hechos, de consecuencias negativas conocidas y confirmadas.

Considera el que es muy común el que los procesos de comunicación sean afectados por la falta de ciertos conocimientos específicos. Su carencia corresponde al punto de partida que contribuye a motivar división y desacuerdos. Estos pueden degenerar en malos entendidos y serios conflictos que pudieron ser prevenidos entre ti y tu prójimo.

La clave es volverte consciente mediante el no someter dicha consciencia a los caprichos ni interrupciones de tu mente. Tu consciencia tiene acceso directo a la Verdad correspondiente según necesario. Tienes con ella, una especie de contacto directo con la Inteligencia Suprema. Así podrás continuar fluyendo por tu sendero con tranquilidad, seguridad y paz.

Otra área de condicionamiento que deberás evitar lo es, la tendencia, muchas veces imperceptible, de convertirte en víctima de tus deseos.

Cuando arraigados están, se convierten en el combustible que alimenta tus motivaciones y acciones.

Primero deseas algo. Te convences de que es lo propio, correcto, que tienes derecho a ello, que es real, que lo mereces y de que está a tu alcance. Luego, sales a luchar para satisfacer el mismo, cuando no necesariamente ello esté bien aspectado para tu vida y felicidad.

Muchos albergan, como tú en ocasiones, supuestas esperanzas y felicidad al creer que si consigues ciertos resultados, te serán para bien. Si no estás correctamente claro/a en tu consciencia, quizás aspirando cosas que le corresponden a otra persona, en cuyo caso y circunstancias le fue apropiado, no implicando que en el tuyo lo será.

Se tiende a olvidar que existen muchas cosas en la vida, asociadas al mundo circunstancial de una o más personas. Lucen bien, te atraen y las adoptas como tus deseos, pero que le será para bien a otro u otros, mientras que en tu marco de referencia, no necesariamente lo será; peor si decides obtenerlo forzado.

La determinación de sujetar tu estado de felicidad al logro de algún deseo, es también algo totalmente arriesgado y contraindicado. La felicidad no puede ser condicionada a la realización de deseo alguno. Pensar así es haber firmado un contrato con la infelicidad, garantizado. Es, a su vez una afirmación de tu ignorancia de lo que realmente la felicidad es.

La felicidad es un estado de consciencia y no, el fruto de lograr hacer u obtener algo. La felicidad puede lograrse ante un estado de completa ausencia y rechazo. Las cosas son como son, aunque no lo aceptemos, tanto como el hecho de que lo que nos sucede, directa o indirectamente tuvimos participación causal. Por contradictorio que pudiera lucir, es necesario aceptar hasta las cosas reales que nos han sucedido que no existe manera alguna de cambiar ni resolver. Si te atas a una imposibilidad y sujetas tu estado de felicidad a la misma, imposible te será ser feliz.

Esto, quizás te requerirá profundizar mucho para tratar de comprenderlo. Sabrás que estás adelantando en tu sendero, cuando lo logres. Nadie carece de tales circunstancias, pero existen personas igual que tú y yo que lo han logrado.

Ten por seguro de que, si dicho deseo no se logra, tu felicidad escapará de tu mundo produciendo insatisfacción y tristeza en tu vida y la de tus seres queridos. La depresión será una consecuencia inevitable y ésta es solo el pico de la superficie de un "iceberg".

La felicidad no puede ser condicionada por nada. Deberá alumbrar como alumbra el Sol independientemente si en la Tierra hay paz o guerra, frío o calor, hambre...carencia, vida o muerte. Esto es dualidad inevitable, pero no lo que dirigir tu vida tiene, a menos que a ello consientas.

Debes tener gran cuidado de no predisponerte a nada que sea contrario a la Verdad y a tus más nobles y elevados principios de bien y servicio. Sólo has las cosas con consciencia del deber, sea una necesidad real o una responsabilidad, sin olvidar la presencia e influencia de los condicionamientos y cuídate de estos. Así los resultados serán consecuencias naturales y no, productos forzados.

Si en un rompecabezas tratas de colocar una pieza en un lugar que no le corresponde, dañarás el tablero que la recibe tanto como a la pieza incorrecta. Lo contrario es el fruto de la Ley donde todo encaja perfectamente en su lugar y en acuerdo con su naturaleza.

De ahora en adelante y antes de envolverte en algo, considera lo siguiente: verifica si estás en posición para que tengas una alta probabilidad de lograr o alcanzar lo que te propones. Recuerda, puede estar dentro de tus posibilidades pero te pido analices cuán probable y conveniente, pudiera ser para ti y su utilidad colectiva. Deja que la honestidad sea tu compañera para aceptar si lo que pretendes descubres que realmente sea una fútil ilusión o algo no merecedor de tu esfuerzo porque sus raíces surgen del ego. Si tienes que desistir, desiste. Si desistes en este nivel de manifestación, su impacto negativo será menor que si lo decides después.

Es a tu conveniencia descubrir a tiempo, que es mejor frenar antes de envolverte, que estar envuelto y tener que pasar por un calvario para poder salir, si esto fuera posible. No descartes que existen muchas cosas en las que te puedes envolver, que no tienes posibilidad de retorno. Una vez dentro, o hecho u obtenido, no hay rumbo atrás.

Un indicador a las cosas que no te convienen es cuando comienzas a encontrar una multiplicidad de obstáculos para lograr algo. Una gran parte de las cosas que queremos, dado que estamos alterando lo que nos rodea para conseguirlo, presentará algunos obstáculos y ello es normal. Sin embargo, si sospechas que algo no está bien, reflexiona profundamente sin juzgar la situación. Nuestra calidad de vida presente y futura, fue precedida por múltiples fracasos. Sin embargo, es necesario hacer ajustes en el camino y ello no implica que debamos persistir en conocidos medios de error comprobados. Si algo sensato justifica el freno, detente. Si no, has ajustes y continúa.

Recuerda que tu paciencia no debe ser condicionada al tiempo. Utiliza tu aquí y ahora en la actitud de manejo de tus procesos de acción. En este plano de circunstancias siempre estamos sujetos a la dualidad y al cambio constante. Todo toma un intervalo de tiempo y no siempre logramos visualizar los elementos inesperados o no conocidos, que pueden crear atrasos o desviaciones no deseadas ni esperadas. Sé razonable y consistente. En ocasiones es mejor trabajar paso a paso garantizando lo que se hace, que avanzar y al final, tener que regresar a algún punto y verte obligado/a a rectificar lo que pudo haber sido prevenido.

Los deseos son gran fuente de condicionamientos y deberás mejor, estar libre de estos. Sé indiferente a la habitación del deseo y la tristeza no tendrá albergue en ti. Cuando no hay deseos los análisis superfluos no son necesarios ni tu felicidad estará condicionada a lo que puedas obtener o no.

Trata de discernir el que es muy probable que tu ruido mental, en una situación dada, sea el elemento motivador del querer y el hacer. Es obvio que la influencia de tu entorno y tu mundo de circunstancias activan el deseo de querer y tener esto o aquello. Vas y haces y obtienes. Quizás hayas experimentado que algunas de estas cosas no fueron tan necesarias ni importantes como creías originalmente. Al mirar atrás con claridad, puedes descubrir que tus acciones fueron decisiones de lo que otros opinaban era lo mejor para ti, cuando ni siquiera necesitabas de ello.

La Suprema Inteligencia y la sabia naturaleza que te rodea conocen de qué cosas tienes necesidad.

No considero contraindicado los términos orar o pedir asistencia divina para que se te provea de alguna ayuda. Tu divina conciencia es a la que debes accesar sintonizándote con ésta en todo momento. Solo recuerda que para que algo se de, es por medio de ti mismo/a que se habrá de manifestar. Así que el pedir deberá contener la certeza de una respuesta de aprobación dada y seguirás obrando, como consecuencia, bajo la premisa de su disponibilidad y/o asistencia provista en lo que respecta a la respuesta requerida. Si tal cosa no se manifiesta deberás reconsiderar la situación para ajustar en acuerdo con lo que tu mejor razonamiento te lo permita.

Debes considerar, en adición, que la Justicia Divina y la Ley Universal del Amor, no requieren nada diferente al que seas consciente y hagas lo correcto contigo y con tus cosas, para allegar a ti lo que sea te haga falta.

Aprende a confiar en tu naturaleza espiritual y acalla tu mente. Vive en integridad y pureza. Serena tu corazón y armoniza tu ser con la melodía del viento, con la suavidad y libertad del agua que a todo entorno se acopla. Atempera tu cuerpo con la temperatura del fuego de tu ser interno, y permite se manifieste el equilibrio con la templanza de la tierra y el fluir del viento.

Sé libre de los esfuerzos y niega la atención desmedida a los deseos caprichosos, pues la sabiduría divina lo arregla todo. Así lo hace con su perfecta acción y tú, llegarás a reconocer, que a todos colma más allá de sus más elevados anhelos, llenando y satisfaciendo a quien lo merece, a la saciedad aunque no se haya pedido.

Posibilidad versus probabilidad

Para que puedas tener o alcanzar algo, primeramente, ello deberá existir como realidad manifestada. En otras circunstancias, los elementos para su creación deberán estar disponibles. Ambas corresponden a la posibilidad. Tú, ante cualquier posibilidad correspondiente a tu necesidad, tendrás que estar igualmente disponible con alta probabilidad de lograr tus propósitos. No descuides el asegurarte de que la posibilidad a la cual aspiras, es real y no una presunción especulativa. Cada posibilidad presenta una serie de requisitos específicos. Quien sea que cumpla con los requisitos será quién obtenga o logre su objetivo. A mayor cantidad de requisitos que cumplas, mayor tu probabilidad de tenerlo o alcanzarlo.

Es tan simple como decir que si tu vehículo requiere de combustible, deberás ir a una estación de gasolina y comprarlo, pero existen muchas otras cosas que deberán cumplirse previo o paralelamente, para que logres tu objetivo: ¿dónde está tu carro respecto a una gasolinera?, ¿tienes dinero para pagarla?, ¿la gasolinera está cerca?, ¿puedes caminar ida y vuelta?, ¿necesitas un envase para ir y conseguir dicho combustible?, ¿está abierta la gasolinera?...¿ Logras comprender mi mensaje?

Tu supervivencia depende de tu desenvolvimiento efectivo y eficiente, como fruto directo de tus procesos mentales y físicos combinados armoniosamente y, el cómo el entorno está posicionado e influenciando tus circunstancias para tener o no, una "alta probabilidad" de lograr obtener o hacer lo que así decidiste.

Tú, como un ser humano que eres, has nacido con "mente" tanto como con "conciencia". Así como el "cuerpo" es al "espíritu", "tu mente" lo es a tu "conciencia". Tu cuerpo es una densificación de tu "materia espiritual" y tu "mente" es un extremo cuyo opuesto, a su vez complemento, se ha designado como "conciencia" y con una sutil percepción que no depende de la mente para "saber" y que será necesario sintonizarse a esta, si aspirar dicho saber es parte de tu meta. De hecho, sin saber, tu probabilidad disminuye aunque tengas la posibilidad a tu alcance. Ciertamente la alejas tú mismo/a en luz de tu ignorancia y a nada ni nadie podrás reclamar, fuera de ti si no sucede.

La relación mente/ conciencia, es tal como cuando utilizamos un termómetro para medir la relación diferencial (grados) entre el frío y el calor, pero siendo la "temperatura", la característica una sola cosa. A fin de cuentas, somos como células proyectadas de la Inteligencia Suprema, constituidos por la dualidad "espíritu-conciencia" y que hemos surgido en este planeta, por razones que serán explicadas más adelante.

Sin embargo, resalto el punto de que el cuerpo físico, normalmente utiliza la "mente" como el medio de recibir los datos percibidos por los sentidos físicos. Los ha de interpretar, combinar, procesar, tomar decisiones y decidir cursos de acción, en base de criterios y propósitos específicos. Incluso, te es posible crear nuevas ideas como un beneficio adicional consecuentemente de dichos procesos.

La ciencia ha demostrado que la materia está compuesta por arreglos energéticos atómicos provenientes de una gran variedad de elementos, de los cuales muchos han sido descubiertos y formulados, tanto como demostrados por la Química y otras ramas de la ciencia. Combinaciones de distintos elementos energéticos físicos, eléctricos, magnéticos,...con diferentes frecuencias vibratorias y características únicas y específicas. Recalco, en el plano físico, todo lo manifestado y cada forma, es el fruto de las combinaciones de un número dado de estas energías. Estas son gradualmente arregladas y combinadas inteligentemente y por afinidad vibratoria, tanto como por las condiciones circunstanciales específicas presentes en el entorno de influencia y manifestación. De ahí el surgimiento de todas las cosas en este plano de existencia, tú y yo incluidos.

Ahora trata de visualizarte como una antena de transmisión y recepción. ¿Qué elementos consideras claves para garantizar tu supervivencia y lograr las metas de tu corazón de acuerdo a tus posibilidades? ¿Cómo te es posible incrementar tu probabilidad de éxito?

La utilización inteligente de todas tus cualidades físicas y mentales, están mayormente orientadas a la interacción que llamamos "comunicación". Te surgen ideas, las visualizas en tu mente, las analizas y si te hacen sentido, decides hacerlas realidad. De ahí activas tu mente comenzando un proceso para traer tu imagen mental de lo deseado a tu mundo de circunstancias y realidad. De la imagen mental a la precipitación física.

Este proceso incluyó un análisis del cómo te percibiste en dicha concepción, considerando tus posibilidades tanto como tus probabilidades y quizás, cuáles factores pudieras tener que superar y, que de lo contrario, pudieran evitar el éxito de tus esfuerzos.

Lo que considero crítico para garantizar tu éxito es el que comprendas que tu entorno, tal y como es, está en armonía aún si lo consideraras en caos. Existe la inercia como un componente intrínseco a preservar el estado natural de las cosas. Así que tu intervención será confrontada como si fuera una interferencia o algo intruso. Tendrás que concebir cómo lidiar con dichas circunstancias e ir gradualmente modificando y... balanceando los efectos de cambio y reajuste, para que vayas moldeando los mismos, sin inducir elementos contrarios. De esta manera, las circunstancias y elementos del entorno, cooperarán a tu favor. Así irás incrementando tu probabilidad de hacer posible tu objetivo. Este es el cuadro general.

Otro elemento a comprender envuelve la naturaleza matemática de las formas manifestadas. Debes reconocer que todo en existencia tiene un propósito tanto como un ciclo de vida útil. Algo jamás surgió ni surgirá de la nada ni menos por el azar ni tampoco sin propósito. Esto lo considero un axioma matemático.

Toda la naturaleza es interactiva y se complementa facilitando así su existencia continua, rectificándose según necesario y lograr la llamada por algunos: persistencia. Su posibilidad de surgimiento e interrelación colectiva se dio en luz para satisfacer unas necesidades específicas, por lo cual nada debe ser considerado como bueno ni malo pues, para aquello en específico se dio su origen. Obvio es que nuestra ignorancia de ello y una utilización o exposición no compatible o correspondiente, en un extremo, podría provocar resultados trágicos. Opino ésta ha sido una práctica común que ha engrosado la dualidad resaltando lo bueno versus lo malo.

En ocasiones, he visualizado un modelo que podría facilitarte la comprensión de esta línea de pensamiento:

"Cada forma física, por ejemplo el ser humano, su cuerpo, surge del código genético según corresponde por la herencia de sus padres y en armonía con los requisitos de género y especie."

Sabemos que los hijos no serán idénticos a sus padres. Esto es la consecuencia del promedio pesado de la combinación de los códigos genéticos envueltos. Se espera el nacimiento de un bebé con características humanas, en imagen y semejanza de sus padres. En función de tiempo dicho bebé se convertirá en un hombre o una mujer según el género prevaleciente. Trae consigo la capacidad para sobrevivir, interaccionar en armonía con el colectivo, disfrutar tanto de los derechos y privilegios de la sociedad, como de la oportunidad de contribuir y aportar al mejoramiento de la calidad de vida propia como a la de todos.

Ello corresponde a una fórmula regida por Leyes y procesos naturales que garantizan los resultados esperados.

Si profundizamos en estas ideas:

a) La consideración de existencia de una Inteligencia Suprema, da base al que fuera de Ésta, no puede existir nada más y, por consiguiente, Su Naturaleza es Estática por lo cual no existe Espacio ni Tiempo.

b) Para que ocurran cosas, eventos, situaciones y circunstancias se requeriría de tiempo y espacio, obviamente confirmado en nuestro plano físico, pero no en el centro de la Matriz de la Inteligencia Suprema, la cual podrías visualizar como un círculo infinito donde mora toda la existencia. De ahí que lo que vemos surgir en nuestra banda dimensional, tendría que provenir de una fuente en existencia previo a nuestra consideración consciente de ello.

c) Así que todo dentro del Todo tiene que haber existido desde siempre, pues no hay ni espacio ni tiempo que provea el lapso de la llamada creación, en el núcleo de nuestra Matriz, a la cual también se le considera como "Vacuidad".

Los grandes Maestros del Oriente han descrito en sus enseñanzas, que el tiempo es una medida que describe y surge, de un lapso de movimiento el cual solo ocurre cuando algo se desplaza a través de un espacio. Así que para que exista el tiempo tendrá que existir un movimiento y, por consiguiente, no puede existir un tiempo sin espacio, el cual corresponde al desplazamiento de algo para medirlo como tiempo. Dado que la Inteligencia Suprema como una Totalidad no tiene lugar, fuera de sí, no se puede desplazar, y se le refiere como un estado estático. De ahí tu lugar como el aquí y tu tiempo como presente.

d) Tu existencia como realidad es circunstancial, en conformidad con un efecto pulsante de la Fuente, tal como una imagen es proyectada en un espejo, siendo la existencia, una concepción mental de la Inteligencia Suprema y todo, las proyecciones sobre esta Matriz como espejo, cada cual y cada cosa con diseño particular e identidad propia, reflejados en el espejo de la consciencia periférica.

e) En efecto, cuando afirmo "yo", soy en realidad una partícula del pensamiento de la Inteligencia Suprema que asume forma y función, en sus bandas de pulsación de pensamiento y expresión.

f) Las bandas de pulsación, son como las olas en la superficie del estático océano y que surgen en infinitas formas produciendo diversos efectos, para luego disolverse otra vez. Con todo eso, el océano permanece estático dentro de sus límites, sin alterar su naturaleza y residiendo en el mismo lugar, en un presente infinito.

g) Así como las olas no se separan del océano, su identidad y propósito de existencia son dejados a las olas en conformidad a su flujo. Ello manifestándose en la superficie de donde continuamente surgen sin ser obligadas por el océano a ser o hacer de forma determinada. La conexión entre las olas y el océano que les facilitó su surgimiento no se pierde, pues si bien su agua se evaporara, a su tiempo retornará al origen cuando su ciclo sea cumplido.

LA IMPERMANENCIA ...

Nada prevalece igual por ínfimo que sea el intervalo de tiempo.

Así como la danza de tus pensamientos fluye entre ideas y conceptos de interna o externa procedencia, así se transforman tus ideas en nuevos conceptos e ideas propios e internos, siendo tu mente la que los dirige y a través de tu cuerpo el que manifestarles permite. Así tu mundo mental cambia, así tu cuerpo al cambio accede.

Ya no eres lo que hace un momento eras, ni tampoco serás lo que eres para el siguiente. Esto, refiriéndome al cuerpo externo que te contiene y no a tu ser quien existe libre de los cambios y la dualidad.

Semejante a una masa de gases tiende tu personalidad a ser. Al no ser contenida bajo forma alguna asume la forma según surge y se propaga, instante tras instante, de acuerdo al lugar y circunstancias en que se encuentre, en tiempo actual y en perpetuo movimiento.

Este flujo sugiere que accedas en acuerdo con tu verdadera naturaleza hacia la cual de alguna manera trata de orientarte y dirigirte. No es dejarte llevar sin ton ni son sino un flujo que jamás forzarlo deberás sin perder la esencia de su silente mensaje. Si a forzarlo accedes, contrario a tu flujo natural de acción, alterarás tus posibilidades y podrás afectar la probabilidad de ocurrencia de aquellas cosas que te eran posibles.

Tu forma (ser-cuerpo) y lo que a través de ésta podrás lograr o alcanzar, están sujetos a la cualidad de tus vibraciones internas que proyectas a tu entorno y tu reacción a las que del exterior recibes. Estas te permitirán obtener todo lo que sea afín con tus pensamientos y sentimientos. Cuidarte has entonces, de aquello que piensas, el cómo manejas tus emociones (sentimientos), de todo lo que dices y, al final, de lo que haces.

Todo a tu alrededor emite y recibe energías de todas las frecuencias y largos de onda según las condiciones y circunstancias. Quieras aceptarlo o no, influyes sobre el entorno y su reacción a favor y en contra tuya, tanto como las influencias que el entorno proyecta sobre ti y de mí. Siempre es menester mantener el equilibrio y el control en todo lo que te concierne.

Reconociendo esta realidad, si te vuelves consciente en todo momento, se te facilitará satisfacer tus necesidades y continuar ascendiendo en tu escala de crecimiento y evolución.

Cuando estas cosas comprendas y practiques, desde dicho momento en adelante lo que te suceda te será de utilidad para elevarte al nivel de tu verdadera y elevada consciencia. Alcanzado tu nivel podrás liberarte de toda limitación que gracias a la impermanencia reconocerás como pasajera.

Si quieres ser feliz y saludable, física y mentalmente, piensa y siente como el que lo es. Dicha meta se facilitará con tal actitud y la Ley se encargará de afirmarla según corresponda.

Si decides nadar en los mares de la tristeza, pensando y predisponiéndote al abatimiento y la debilidad, ten por seguro que la salud se escapará de tus fronteras.

Tu conciencia se opacará en proporción con la medida de la atmósfera de desconfianza que sobre ti mismo/a tiendas.

Ten presente, por siempre, que tienes la oportunidad de alcanzar todas las metas por las cuales se justificó tu existencia. Cada cual existe por razones específicas, pero debes saber reconocer y escoger.

Alcanzarás las mismas cuando desde el móvil de tus acciones consideres esta hermosa realidad. En su momento podrás posarte en la cima con las mismas, pero es necesario que te sientas en salud, felicidad y confiado/a de ti y la divinidad a través de todo el proceso y no cuando lo logres, pues no hay otra forma para lograrlo.

Desconfiar es dudar y para el que obra con dudas, es propenso casi inevitablemente a la imposibilidad del triunfo.

Trata de comprender de que todo lo que el universo comparte contigo, compartido es con todos. Por razón de tal acción interactiva, dentro y como una totalidad, es el que las influencias individuales van transformando continuamente todas las manifestaciones, momento a momento.

No es tu sola decisión lo que determina el resultado de una situación. La influencia total y resultante por la suma de todas las influencias individuales envueltas, es lo que canaliza los resultados, los esperados y los que no. Solo te resta armonizarte con la totalidad y fluir con ésta. Podrás discernir aquello a lo cual tienes derecho y crear la afinidad necesaria para que recibas lo que te corresponde y conviene.

Obrar deberás, con pureza de intención y en armonía con la naturaleza. Aquello que te parece imposible o que de ocurrir lo llames milagroso, se convierte en una consecuencia inevitable que favorece al que lo ha ganado y merece. Ello es parte de nuestro derecho natural.

Sin embargo, para aquellos que su obrar dista de la armonía, la impermanencia se manifiesta como un medio disciplinario para restablecer el orden divino. Producirá efectos contrarios a lo que se pretendía por las ignorantes o maliciosas intenciones envueltas. Habrán de pagar el precio que les corresponde, le guste o no. Nada escapa a la Ley.

Mira la impermanencia como una bendición que el cielo te ha permitido. Cada instante que llega es nuevo y te provee la oportunidad de paz, felicidad y satisfacción. Te ofrece la oportunidad de lograr tus mayores anhelos y todas las cosas bellas que hayas soñado desde lo más profundo de tu alma.

De lo contrario, la impermanencia puede convertirse en el verdugo que constantemente te recordará que estás errando o has errado el sendero, y ello te ha sujetado a un proceso disciplinario de rectificación.

También deberás dejar de subestimarte o creerte algo supremo manteniéndote en los extremos. Tu prójimo no es diferente de ti en lo que su origen, naturaleza, libertad, derechos... le corresponden igual como tú exiges. El trabajo individual y colectivo en la calidad de sus frutos, dependerá de la armonía que se permitan al obrar juntos.

Reconoce que es imposible el que te separes de la totalidad.

Tú única llave a la felicidad es levantarte de tus errores, prevenir no recaer en ellos y como el Sol mañanero, dejando atrás la noche, sin rastro de recuerdos ni heridas abiertas. En el mejor de los casos no prevalecerán tampoco las cicatrices.

Elimina de tú ser cualquier sentimiento de culpabilidad por las cosas que rectificaste y no has vuelto a repetir. No existen más. No les devuelvas las energías pues con ello le impartirás la vida de un pasado sin derecho al presente; la vida y su poder para hacerte daño con tu consentimiento. Ello no es justo para ti ni nadie, pero eso es tu decisión.

No mires atrás, jamás.

Cada momento es nuevo y te provee la oportunidad y el derecho para que tu felicidad sea y perdure en ti y tu mundo de circunstancias, y da gracias a la divinidad por haberte bendecido con ella.

La Naturaleza de la Existencia...

Desde antes del principio, lo que no tuvo principio, aquello a lo cual se le ha dado múltiples nombres como: la Inteligencia Suprema, Dios, la Deidad, fuente de todas las cosas, Uno Es.

La Inteligencia Suprema es el origen de todas las formas, de la vida y la sabiduría; contenedor y sostenedor de todo lo manifestado. Todas las manifestaciones son parte de una unicidad. La Inteligencia Suprema se manifestó como un Todo y, por lo tanto, todo lo que existe, permeado con Esta está.

Aunque se multiplicó creando infinitas formas, no se separó ni dividió de ninguna ni de Sí. A su vez, todas entre sí, conectadas están.

Y de esa manera la Suprema Inteligencia facilitó el surgimiento del mundo de las apariencias, lo manifestado.

Preservó la unidad en el surgimiento de la realidad física y espiritual que somos y, por lo cual, existimos con propósito.

La Suprema Inteligencia, como Una que antes fue, una es ahora y continuará siendo Una por tiempo de tiempos, en un eterno presente y en su solo lugar llamado el aquí.

Así que, entre la Divinidad y lo manifestado, sin división, las formas son.

La Divinidad Es y la Totalidad Es, pero las formas, en su naturaleza externa y aparente: no son.

En su interior, las formas son Una con lo que Es, aún cuando tus sentidos físicos no lo perciban.

Por consiguiente y recalco, en su naturaleza real la Divinidad, las formas y la Totalidad, Una Son.

Dado que las formas Son solamente en su Esencia, dicha Esencia: Espíritu/Conciencia Es. Por consiguiente, las formas están internamente constituidas por Espíritu y Conciencia.

El Espíritu/Conciencia lo compenetra todo y las formas, en función de tiempo y distancia y ante esta naturaleza Divina: ilusiones son. Creadas y sostenidas compartiendo de la misma sustancia divina. En su interior sustancia, pero insustanciales en su exterior, aunque en el plano físico las consideremos reales y sustanciables.

Recuerda, el Espíritu/Conciencia no tiene límites ni nada puede contenerlo ni nada fuera de Este existir puede; por consiguiente, llamo ilusión a lo externo y manifestado.

Tanto el tiempo como el espacio, apariencias son. La distancia tanto como el pasado y el futuro, para el Espíritu/Conciencia y por siempre, el "aquí y el ahora" son.

Carlos A. Vega Cardona

Todo lo que es Espiritual existe en un presente eterno, pues su Esencia, como realidad sustancial, es eterna en su naturaleza pero no olvides que su naturaleza es en sí insustancial no percibida con los sentidos físicos.

El lugar es Uno; la morada el Espíritu; siempre aquí sin importar el lugar.

Así, ni el pasado ni el futuro existen; sólo el presente eterno es la única realidad y, de aquí, que lo creado es el fruto del Espíritu Eterno. Deberás comprender que nuestro presente es el futuro de nuestro pasado. Esto implica el continuo presente, pues, sin pasado no existiría presente alguno. En el plano físico, los términos pasado y futuro, solo nos indican la relación de intervalo u ocurrencia entre eventos, según corresponda. Son imágenes de una realidad absoluta que se esconde a nuestros sentidos, pero que es el verdadero elemento causal.

RESUMEN

Así que el ser humano, siendo también una forma, podemos comprender que por causa del Espíritu existe. Su tiempo, el "ahora" y su lugar el "aquí" viviendo en un presente eterno, cuando hablamos de tu interior. Tu razón de ser, la del Espíritu; tu razón de hacer la de la Conciencia. Sólo por eso existes, sólo por eso subsistes. En su momento, y más allá de las formas, todo ser humano tiene la oportunidad y el derecho a buscar y alcanzar la comprensión verdadera y despertar a un nuevo estilo de vida.

No debes olvidar que en adición de que estás constituido por materia espiritual, también contienes parte de la Conciencia Divina y Mente.

Esta Conciencia Divina y Mente es individualizada bajo el manto de la Suprema Inteligencia. Cuando la personalidad egocéntrica haya sido trascendida, sentirás por vez primera tu libertad y conocerás que siempre fuiste libre. Es a través de la Conciencia Divina que puedes reconocer tu existencia espiritual; es a través de la Mente que te desenvuelves y comunicas con el plano físico que te rodea.

Lamentablemente, el ser humano común, en algún momento, descartó comunicarse con la Conciencia Divina en su interior, y decidió dirigir su vida sin la asistencia Divina y Ésta, cesó su participación en favor de todos los que así lo decidieron en respeto al libre albedrio individual. Los efectos de tal ruptura no te son ocultos, pero podrás reconciliarte y la hora es ahora.

Reconocerás que siempre has tenido a tu alcance, dentro de ti mismo/a todo lo necesario para ser feliz; despertarás y alcanzarás la felicidad verdadera... tu felicidad será real y la ilusión no será más.